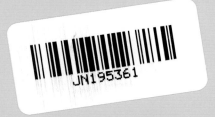

ななさんぽ

弱さと回復の〝現場〟で
神がいるのか考えた

みなみななみ

Forest Books

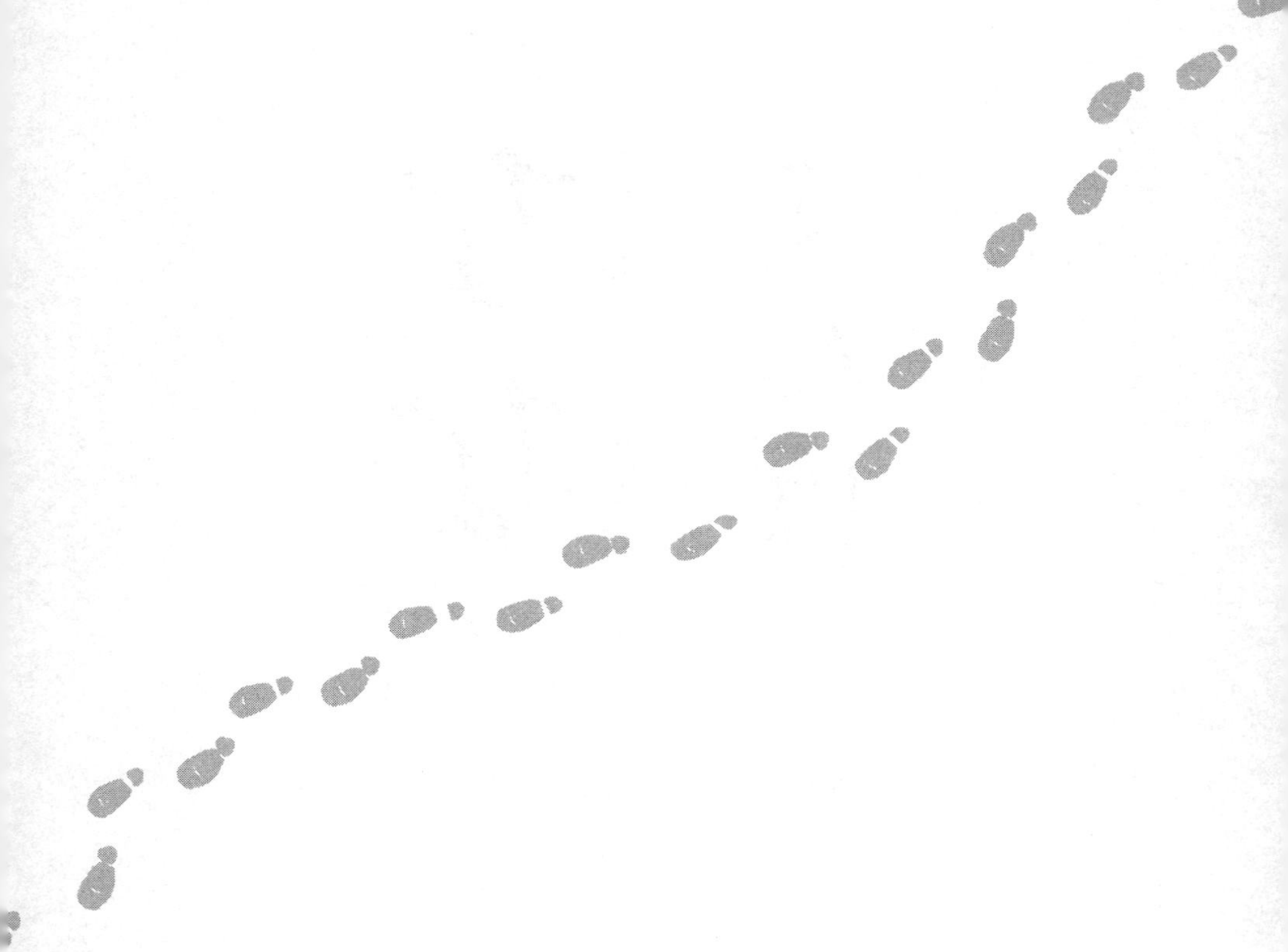

はじめに

「あなたがたは、この世に苦しみがある」*

苦しみがあると聖書は言っている。聖書の中で、イエス・キリスト自身がそう言っている。

神様がいても、この世界に苦しみや問題はなくならないのだ。

現代に生きるのは大変だ。

弱さや問題を抱えて生きていくのは、大変だ。

苦しみの原因が自分や身の回りの小さなことでも、「この世」の社会問題だったとしても、自分に解決するすべがなく、どうにもできないと思うと、私はたいてい、そこで諦めるか、やさぐれる。

自分に対して、社会に対して、神様に対して、この点に関しては、もう諦めよう、と考えるのを放棄する。

そんなことを続けていると、心の中が干からびていくような感覚になる。

けれども、この本に登場する方々は、その「苦しみ」や「問題」から、逃げるのでもなく、諦めるのでもなく、現実の生活の中で、自分たちでできることを、少しずつでも、誠実に、しておられる方々だった。

四年間、月刊誌の連載でいろいろな方のところに、取材に行った。
毎月三ページ。たった三ページだけれども、二時間も三時間も、時には一日じゅうお話を伺い、たくさんの方がそれまでの何十年の歩みまで話してくださった。
たくさんの葛藤《かっとう》や、困難。けれども、諦めずに向かう、あるいは、何があっても、寄り添い続ける生き方。

お話を聞くたびに大いに励まされ、取材の帰り道、「すごいね、すごいね」と編集者と話しながら帰ったことも多かった。

何がすごいって……そのすごいと思ったいちばん大切なところを三ページの中に描いたつもり。描けているかな。

そして、そういう方々のところへ出向き、出会い、お話を伺っているうちに、私自身の気持ちが変わってきたことがある。

それはいっぺんに一八〇度の変化、ではなく、お一人のお話を伺うごとに、少しずつ。

自分でも気づかないくらい少しずつ、ガサガサだった心の地面が、潤され、柔らかくなっていったような感覚。

とても不思議。何でだろう。

その理由は、本文を読んでくださった方に伝わるといいな。伝わりますように。

「世にあっては苦難があります。しかし、勇気を出しなさい。わたしはすでに世に勝ちました」（新約聖書・ヨハネの福音書一六章三三節）

みなみななみ

＊冒頭の聖書のことばは新約聖書・ヨハネの福音書一六章三三節のみなみななみ訳

ななさんぽ目次

＊本書は月刊「百万人の福音」の連載「ななさんぽ」（2015年1月号～2018年12月号、2019年7月号〔番外編〕）に掲載された内容に修正・加筆し、一冊にまとめたものです

1章　現代に生きる

人身取引被害者サポート
「ノット・フォー・セール・ジャパン」

弱い者のために声をあげる

山岡万里子さん、栗山のぞみさん

ホームページ http://notforsalejapan.org

ドキュメンタリー映画の上映会で「ネファリアス──売られる少女たちの叫び」を見た
東欧の孤児院からオランダに売られた女性
貧困のため親が娘を売るカンボジアのある村
みんなそうよ
最後は救出された女性たちがキリストに出会い変えられた証《あか》しで映画が終わるが
人が売られる…現代でもあったの？
19世紀に終わったのでは
衝撃を受けた
上映会を主催していたのはノット・フォー・セール・ジャパン（以下NFSJ）
代表の山岡万里子さん
NFSJは「現代の奴隷制」と呼ばれる人身取引の撲滅を目指しています
現在奴隷（強制労働させられている人）の数は世界で二千百万人＊1
スタッフの栗山のぞみさん
日本にも奴隷（人身取引の被害者）がいます
え？ でもこんな場面見たことないですけど
奴隷市場
ひとり10,000円
本人の意思に反して労働を強制されている人が「奴隷」で
外国人女性の風俗での強制労働…外国人技能実習制度を悪用した人権侵害渡航費などの名目で多額の借金を負わされ返済のために強制労働させられる
時給 300円 −ふとん代 −5,000円 −食費
Pass Port
パスポートとりあげられて逃げられない
え〜そんなひどい
実際のケースをいくつも詳しく話してもらった

＊1 二〇一四年、ILO（国際労働機関）発表

＊２取材時（二〇一五年）「人身取引被害者サポートセンター・ライトハウス」による推計　＊３アフリカのコンゴ民主共和国周辺では内戦により治安が悪化、武力勢力は豊富な鉱物資源の採掘・流通から資金を得ている。この地域から生産される鉱物（金・スズ・タングステン・タンタル）が特に「紛争鉱物」と呼ばれている。鉱山では女性や子どもを含む現地の貧しい人々が強制労働や性的搾取の被害を受けている

日本人の学生がアダルトビデオに強制的に出演させられるケース
子どもが児童ポルノのモデルに…
日本で推計五万四千人＊２が性的搾取に
ペラペラ
ひえ〜
詳しく伺ってさらに仰天する
また世界の人身取引の具体例や消費者としてどう関わるかなどもいろいろわかりやすく教えていただいた
○インド北東の炭坑における子ども7万人の児童労働・人身取引
○タイの漁船における強制労働
○西アフリカのカカオ農園での児童労働
○コンゴ民主共和国の紛争鉱物の問題＊３
へ〜 へ〜
ここで紹介できずとても残念
そういうのあること少しは知ってたけど人身売買とか思ってなかったし
なんかしょうがないって
さくしゅとか風俗とかあるのがフツーと
問題大きすぎて思考停止になりがちですよね
そうそう停止してました
国連は「人身売買」（人身取引）をこう定義しています
目的
搾取（他人を労働させるなどして得た対価の大部分または全部をかすめ取ること）
手段
暴力、脅迫、誘拐、詐欺、だまし、権力の乱用、相手の弱い立場につけこむ、相手を支配している人に金を払う、など
行為
相手の身柄を手に入れる、輸送する、引き渡す、隠す、受け取る
「搾取の目的で暴力、脅迫、だましなどの手段によって相手の身柄を手に入れる行為」が人身取引です
だましておどして自由をうばうのね
ところで山岡さんはNFSJの働きをなぜ始められたのですか？
翻訳者としてこの本の翻訳に携わったのがきっかけです
著書のバットストーンが立ち上げた人身売買と奴隷労働の撲滅を目指すノット・フォー・セールというNGOの日本支部の代表としてボランティアしています
告発・現代の人身売買
NOT for Sale
まみどーさん

＊NFSJの勉強会にぜひ！

共振の翼を広げて ①

少数派の課題に取り組む
「マイノリティ宣教センター」

ディビッド・マッキントッシュさん
金迅野さん、藤守義光さん

外国人は
出ていけ

〒 169-0051 東京都新宿区西早稲田 2-3-18
TEL/ 03-6228-0509 e-mail/ info@cmim.jp
ホームページ http://www.cmim.jp/index.php

二〇一七年に設立された「マイノリティ宣教センター」（以下ＣＭＩＭ）
「民族・文化・ジェンダーなどの違いを乗り越えて…」
合ことばは「共生のための天幕をひろげよう」
CMIM
編
共同主事の金迅野《キムシンヤ》氏
在日大韓キリスト教会の牧師でもあり父が在日韓国人母は日本人叔父は台湾人
共同主事のデイビッド・マッキントッシュ氏
ぼくのルーツは両親がカナダ長老教会から派遣された宣教師で在日大韓キリスト教会で育ちました
藤守義光氏は
ウェスレー財団のスタッフでもあります
理事、主事の方々がすでに多文化共生…
どういう経緯でここができたのですか？
「マイノリティ問題と宣教」国際会議がきっかけです
二〇一一年 一二年あたりからヘイトスピーチが各地で発生しました
各地にある朝鮮学校などがマトになったり
鶴橋 川崎の桜本 京都の朝鮮学校などで続発しました
ネットなどでヘイトの写真見たことがある
○○人 帰れ
外国人は 出ていけ
とても ここには 描けない ヒドすぎる
ひどいことばの数々…
ピークといえばいいのか…二〇一四年頃に在日大韓キリスト教会が危機感をもち
キリスト者として共にいろんな教会の方々が集まって考える必要があるのではないかと…
それで二〇一五年に、第三回「マイノリティ問題と宣教」国際会議が開かれました
会議
多様化するマイノリティの課題を見て、より良い社会を作るためセンターが必要だ
とかねてより思っていたが
その会議で具体的なアクションとしてセンターを作るという声明を出した
それから準備をして出帆した
声明文
センターの設立

えーとつまり…
ヘイトスピーチとかがたくさん起こってきて
在日大韓キリスト教会としては何もしないわけにはいかないと考えて
呼びかけ…
結果いろんな人たちと協力して
このセンターができたということなのね…
整理するわたし…
ヘイトの現象は日本だけでなく世界のあらゆるところで起こっているという実感があり…
アパルトヘイト*1に対して
世界のあらゆる教会がアパルトヘイト制度を終わらせようと働いたキャンペーンが世界教会協議会（WCC）にあって それが
アパルトヘイト終結に大きく影響したのですが
そういう連携がなくなって二、三十年たち
またヘイトスピーチが世界各地で発生しているので
当時の連携の仕方を再構築しなければならないと考えたのです
まだ小さなことしかできていませんが夢は大きくもとうと…
NO APARTHEID
FREE SOUT
COMBAT RACISM
世界中でこういう働きをする人々とうまくつながっていきながら
多様性を肯定できる社会へと運んでいくことができればと思っています
当時 みなみはアフリカ帰りだったので
アパルトヘイト反対運動を応援していたけれど
教会が連携していたなんて知らなかった…
祈り合って協力できたらどんなにいいだろうか
アパルトヘイト
反対
ANC（アフリカ民族会議）の人や
マンデラに自由を
アーチスト達と協力してたが
ヤング
活動の一つにユースプログラムがあります
三泊四日のユースフォーラムでは大阪 北海道 沖縄などの地域で現地から学びます
前回は大阪の大正区リトル沖縄と生野区のコリアンタウンで
フィールドトリップへ
昭和山
大正区にある公園
リトル沖縄？
そういうところがあるんだ?!
?!
大正区は沖縄からの移住者が多い地域で
昔からそこに住んでいる方がどんな差別を経験してきたか話を伺ったり
沖縄料理店へ行って踊ったり…
昔は
「知る」ための活動なんですね
知るというのは目的で当然なんだけれども
当初からマイノリティを「対象化」して
「自分はそうじゃない」という目線が起きやすい
だからただ「対象」として見ないで
街の中で感じたことを自分の経験と照らし合わせて考えてみてくださいと

＊1 南アフリカ共和国における白人と非白人とを差別した人種隔離制度・政策

自分はマイノリティなんてなると思っていなかった人がたとえば彼
福島で生まれ育ったが高校で違う県に行った部活でけんかが始まった時ぽっと相手の本音が出た
この被爆者め！
と言われて自分も差別されることがあるのだと気がついた
○○高校
何人かに証言をしてもらう時間を設けたら同じような話をしてくれたりたとえば在日外国人とかでなくてもいろいろなフィールドで受けた傷とか…女性として起きた差別がただ勉強するだけでなくその時の痛みが共振として出てくる証《あか》しになっている
自分の経験が引き出されて共に振動する共感と言ってもいいですかねフォーラムはそういう場になったかなと思います
リバティ大阪人権博物館の朝治《あさじ》武《たけし》館長もフォーラムの基調講演で
差別をなくすために必要なのは、共感する力だ
と言っていました
先日は川崎のヘイトスピーチがあった場所を歩いてみようと桜本の街を歩いて回った
いわゆる当事者地域に住む方の視点から歴史を学んで聴きながらその人の身になってほしいそういう感性を若者たちにもってもらいたいリーダーシップのトレーニングやそういうことに興味がある教団教派に属する若者たちが集まってそこからコミュニティを形成していくことを願っています
KOREA TOWN
マイノリティというのはどういうカテゴリーを？
基本的に何でもよいというのが私たちの姿勢
始まりはヘイトスピーチを何とかしようと思っていたので当初はエスニックマイノリティ特に在日韓国人や中国人だけじゃなくて沖縄の人アイヌ被差別部落の人たちいつもマイノリティとして認識されてきたからそこからという認識はあったが
女性障がい者性的マイノリティなどそれぞれの当事者の方から自分たちの分野も取り組むかと聞かれたときに「それはやりません」と言うことはない
カテゴリーが初めからあるのではなく出会う中でウイングを広げていくという発想がいいのではないかと思っています

少数派の課題に取り組む
「マイノリティ宣教センター」

ディビッド・マッキントッシュさん
金迅野さん、藤守義光さん

共振の翼を広げて ②

前回からの続き
マイノリティ宣教センターでお話を伺う
大阪で 一九〇三年 勧業博覧会が 開かれました
本会場の入り口近くに「学術人類館」という見世物小屋があった
アイヌ 沖縄 韓国 インド ジャワ あらゆる所から人間のサンプルみたいに生きた人間を展示していました
〇〇人
ほう
めずらしいねえ
「かわいそうな未開な人たち」の生活様式を表す家や文化的なものそこに人間もいたのです
東京帝国大学の人類学の教授が監修に当たりました
五か月の期間中万博には五百万人が来場し
そのうちの多くの人々がここにも来ました
万国博覧会
人類館
ようこそ
ぞろぞろ
そこで人々は何を見て何を感じたかを想像してみんなで考えるということをユースフォーラムで行いました
そもそもマイノリティとはどうやって作られるのかマジョリティにとって何の役割があるのか
写真とろー
見物客側
見世物にされる側
…の寸劇《スキット》をやったら…
当時 日本だけじゃなくて海外でも動物園の隣などに人類館を作っていました
植民地の人たちをサンプルにして「未開と進歩」の対象にして「かわいそうな」人たちを「文明化」するという正義をまとっています
ZOO
MANKIND
キリスト教は「未開」の人たちに伝道して西洋化させるということに加担してきました
どの国でも土壌として人間の中に差別がある
しかもキリスト教が深く関わっています
ユースフォーラムは主にキリスト者の集まりでしたから自分たちの信仰コミュニティが差別に加担する側にいたということについても考えました
うーん…
私(みなみ)はその話を聞きながら騒ぎまくり
ひどいー!
なにそれっ
ムカツクー
ありえないっ
人ごとのように怒ってたけれども実は
自分と違う相手を「人」としてではなく「対象」化して排除するというのは本当は自分もしょっちゅうやってしまっている
それも無意識に
……ことに後になって気がついた
もうカンケーない
話してもどーせわからない人たちだし

どうしてヘイトがあると思われますか
既得権益[*1] 中間層の人たちが没落するのではないかという不安には 経済の伸び悩みが影響しているという人もいます
「外から来ている人たちがこの国の負の歴史を思い起こさせる存在だから」と考えている社会学者もいます
そのことが話題に上ってくるたびに何か傷つけられることに耐えられない
「この国体は悪いことではなかった」というのを維持したい
実際に戦後のあれこれを解決していないのだけれど その傷の蓋《ふた》を剥がす存在がうっとうしい というのが根底にあるのではないでしょうか
「ごめんって言ったからいいじゃん」「一億総懺悔《ざんげ》」って言った時点で「過去はなくなった もう文句言うなよ」と
実際に何が行われたか ドイツなどは 被害者を交えて検証を克明にやったけれど
ざんげ
ペタ
だれが どう
あのとき
日本は何が起こったかを知ることがないまま
また蒸し返された 蓋をひっぺがされた
そんな心理が働く
謝る前に何が起こったかを知る 何が起こったかを知って 二度としないという誓いに基づいて歩んでいければいいのだけれども
もう出ていけ
ペロン
ざんげ
キズ
戦争責任などで「いつまで謝るんだ?」という人に対し 相手が「もういい」と言うまで謝り続けると答えた人がいたと聞いた時 キリストを思った
もし律法学者の質問が「人に何回謝ればいいか」だったら「7×70回謝れ」と答えたのではないかと
7×70
何回
そんなに
国境の移動に慣れていない人には圧迫感 懸念を感じさせるような変化がありました
この五十年くらいの間に社会は急激に変化したから誰も予測していない経済的な変化で
ステイタス・クオ（現状）が破られると「昔は良かった」こうなったのは「外から来るやつが悪い」となります
国境
顔が見えないと都合がいい気がする 痛くもかゆくもない 面倒くさくない
従軍慰安婦の人たちの問題はもう言わないって話になってますよね?
でも ぼくが感じるのは 元慰安婦のおばあさんに会ったことがあるのかということ
イエス様みたいに行って触れたり ある時には一緒に泣いたり苦しんだり そこが抜けている気がします
「言ったよね 言わないよね」という空中戦で いくら欲しいの 謝罪する・しないということでもなくて 痛みの共振というのがいちばん欠けていること それを問われたりするから面倒くさいわけです
もうやりたくない それは韓国の中にいてもそう
でもイエス様は会いに行きましたものね

＊1 ある社会的集団が歴史的経緯により維持している権利とそれに付随する利益のこと

ヘイトしている人たちも
すぐに和解できるとは
思えないけれども
彼らを対象化して
捨象《しゃしょう》すればいいという話ではなく
そのことを諦めない面倒くささ
時間をかける時間がかかる
というほうにむしろ
価値が生まれることがある
ご飯食べにおいでよ
一緒に食べようよ
と川崎のオモニ（お母さん）
たちは言いました
ワー
ワー
出てい
外国人
外国人
出てけ
帰れ
デモ隊をどうするかとか
実際的に考えている頭からは
発想できない
本質はおばあさんたちの
「一緒にご飯食べればいいじゃないの」
という知恵だと思います
聖書には食卓を囲む
場面が多い
和解の対象となるのは
私たちとマイノリティとの和解
マジョリティとの和解
同時にヘイトスピーチをしている
人たちの隔たりをどうやって
越えるかということです
その人たちとの和解は
どういう方法があり得るのか
結論は出なかったけれども
考えさせられました
平和な社会というのは
そういう人たちとも
平和でいられるのが
神の望む平和なのではと
スゴイ…
ヘイトの側とも
平和に…って
発想が
そもそも
私は海外では「在留異国人」で
マイノリティだった
「マジョリティ」にとっての
「当たり前」が自分には
何も関係ないことで
さみしい思いもしたけど
当然だろう
それ以上に
親切にされ
助けてくれる人たちに
出会った
Thank you
今私は日本語が母語の
日本国籍で
マジョリティの側にいて
マイノリティの人がいることも
その痛みや苦しみがあることも
気づかない
自分以外の人の抱えている
痛みに共振するやり方が
多分よくわからないし想像力もない
にほんで
にほんごで暮らす
あー らくちん
忙しい毎日に
人のこと考える余裕もない
自分と違う人たちのことを
考えるなんて
とても
面倒くさいんだ
そう
顔が見えないと都合がいい
痛くもかゆくもない
面倒くさくない
クウーン
だけどイエス様は
面倒くさいこと
ばかりされていた
いろんな人と
一緒に食事をした
座って話を聞いた
かわいそうに思って
涙を流した
イエス様は
今の私に
何て言うだろう
祈って
一緒に時間を過ごすことから
始められるだろうか

ドヤ街のラザロさんたち①

ホームレス支援
「横浜カナンキリスト教会」

田村隆さん

〒231-0025 神奈川県横浜市中区松影町 3-11-2
三和物産ビル 6F　横浜カナンキリスト教会
ホームページ https://misson-lazarus5286.jimdo.com

＊1 ローマ人への手紙1・29、30

＊2 使徒の働き20・35

＊3 ルカの福音書10・29―37

＊4 ピリピ人への手紙1・21

ホームレス支援

「横浜カナンキリスト教会」

佐藤敏さん、徐蓮凞さん

ドヤ街のラザロさんたち②

寿町の路上生活者を「ラザロさん」と呼んで支援している
横浜カナンキリスト教会でお話を伺った
ラザロさんのひとりYさん
寿町の路傍集会で
食べ物は受け取ってくれたけれど
聖書のお話になると
神さまは―
逃げてしまった
私たちが行くと
こんにちはカナン教会です
いつも隠れていた
教会に行きたくないらしい
見つかると　おどけて言うのは
赤いランタン波間に浮かぶ
出船入り船　帰り船
誰が鳴らすか汽笛の音
私や姑娘《クーニャン》　支那の夜～
けれど夏の暑い日に
お会いした時
たばこ
その足は 腐ったまる太のようで
何十匹かのウジがわいていた
足を消毒している間
アイスを口に

新しい服に着替えてもらい
救急車で病院へ
カナン教会の佐藤牧師が
身元引受人となり入院
牧師先生の祈りに
手をしっかり合わせ
イエスキリストさまアーメン！
退院の日 笑顔で頭を下げていた
Yさんは病院の人気者だった
教会で退院祝い何十年ぶりの寿司
とてもうれしそうだった
ところが またしても野宿に自らもどってしまった
その後も 包帯を替えて
手当てを受け続けた
ある日のこと 路傍集会で
めずらしく最後までいて
ハレルヤ
マラカスをふりながら
アーメン ハレルヤと歌い
Yさんの顔は
とってもうれしそうで
涙と鼻水で
ぐしゃぐしゃだった
Yさん 今日は
すばらしい日でしたね
しばらく韓国へ
伝道へ行くので
会えませんが
待っていて
ください

でも
韓国から戻ると
Yさん
Yさん
Yさんは
いない…
Yさん？
病院に
行ったらしいよ
駆けつけると
○○病院
数日前に亡くなり
明日火葬だという
受付
翌朝 火葬場には親族もおらず
カナン教会の仲間だけで
主よー
みもとにー
賛美歌を歌い
Yさんを
見送った
Yさんはきっと
イエス様を
受け入れていたと
思います
だって
あんなにうれしそうに
アーメン ハレルヤと
佐藤先生
Yさんね
イエス様に
愛された
方です
忘れられない
です
徐先生
本当に懐かしい
大切な人の話を
するように
……
語っておられた先生たち
せんせー
ドヤ街で出会った
何人もの
ラザロさんたちとの
いくつもの
出来事を
伺いながら
一人一人と
丁寧に
寄り添ってきた
カナン教会の中に
キリストの姿が
見えたように思いました
ここに
キリストが…

ホームレス支援
「横浜カナンキリスト教会」

佐藤敏さん、徐蓮凞さん

ドヤ街のラザロさんたち③

徐牧師は
横浜に来て貧しい人とともに生きるよう神様に導かれていると感じていた
二十年前の寿町は青いテントが並び生活保護受給者も少なく大変な状態
日本に来たばかりで日本語もほとんど話せなかったが
何とか神様の愛を伝えたいという思いで
毎週土曜日三百八十個もの弁当を作ってホームレスの方々に配っていた
カミサマアイデス
私も毎週ここで路傍伝道をしています
じゃあ一緒に…
よかった
日本語でみことばを語ってくださる
みことばには力がありますから
こうして徐牧師の食事と佐藤牧師の説教という路傍集会のスタイルで
三年ほど伝道を続けた…
ある夜教会に強盗が入りひとりの韓国人信徒の方が殺された（犯人はまだ逮捕されず）
この事件の後韓国人の信徒たちは教会を離れていった
そんなに頑張っていたのに報われないどころかそんな…
私だったら神様ひどいって怒って辞めたくなりそうです
取材中に口をはさむななみ
いいえイエス様は私の罪のため死んでくださったからイエス様のために伝道します
でも私の祈りが足らなかった兄弟を守れなかったから帰ろうと思いました
取材中の徐先生
私はもうここで伝道できない…
もう韓国へ帰ろう…

＊ホームレス伝道の十二年間にわたる記録映像「かえろうともよ」もぜひご覧ください。http://yokohama-canaan-christ-ch.jp/

徐先生 帰ってはいけない
ここで帰ったら サタンの思うつぼだ 残って伝道を 続けてください
いえ もうだめです 私は…
私一人じゃできない 一緒じゃないと だめです 結婚しましょう
え…
導きと信じて 愛してるから 結婚… ではなく 愛することを 学ぶための 結婚だった
おめでとう
初めのうち数年は 教会の家賃や 給食の経費のために 佐藤先生は 深夜のファミレスで 食器洗いの アルバイト
徐先生が チヂミと キムチを作り 駅の近くの 屋台で売って 資金にしていた
雨だーっ
その時々に お米や食品や衣類を 寄付してくださる方々が 与えられ
米
米
盆も正月も 休まず 二十年… ドヤ街に暮らす人々の 霊と魂と体に 糧となる みことばと 食事を 届け続け ている
他の街だと 不審者とかで 通報されたり
ドヤ街でしか 生きられない 海千山千の人たちが いますが
神様が その人たちの中で 働かれるのを 見てきましたから ここでの伝道は やめられないですよ 毎日がドラマですネ
ニコニコ
先生は ずーっと笑顔
すごい 大変だろーに
徐先生 すごい働きですね… こんなこと 二十年も…
すごすぎ
私ではなく イエス様です
イエス様に従うこと 神と人とに仕えること について 取材を終え 感動しつつも 自らの信仰の 歩みを 省みずには いられない 一行でした…
うーむ
編集長
ななみ

己の生ぬるい信仰ゆえ"すごい"しか言えないななみでした

命と性の真実語る

日々是命、日々是性

でるん

水谷潔さん

ホームページ http://kiyoshimizutani.com

テレビや映画を見ると
結婚をしなくても好きなら性関係をもつのが当たり前
愛してるて
「結婚までしない」って彼には言ってあるけど
私のせいでガマンさせて彼かわいそう
その悩みなつかしーな
うーん…
自分の信念を申し訳なく感じたり
ひどいときには
あいつまだ童貞〜チェリーボーイ
ワハハ
深夜のお笑い
性経験がないことが人として未熟かのような風潮に
そうじゃないけど何とかしたいけどでもどういえばいいのかわからない…
性についてちゃんと聖書の真理から話してくれる人…
そうだ水谷潔先生に聞いてみよう!
水谷潔先生は春日井聖書教会の協力牧師 聖書のお話はもちろん いのち・性 結婚・子育て などさまざまなテーマについて文章やことばで語り続け キリスト教団体のほか 教育機関 医療・福祉機関でも講演活動を行っている
ということで水谷先生にお会いする
ななみ
まみぞー
クリスチャンなら結婚以外でそういうことしちゃいけないと言われて何となく知っていても
わかんないです どういけないのか うまく説明できない
まず「いけない」っていう発想が違う「いけない」っていう教え方が間違っている

えっ
いけないのでは
神様は「いけない」と言っているのではなくて
結婚の中でだけって十戒の時から言っているわけで
私はあなたがたをエジプトの地から解放した神だよって
そのことばの裏側には
本当の自由を与えるために命を捨てて契約をしたあなたたちを愛している
本物の神様がすばらしい本物を結婚の中で備えている
それを薄めておいしいものがまずくなるようなことをなぜわざわざするの
だからやめときなよと
クオリティを落とすこといちばんいい物があるのにそれを待たずに
壊すようなことをしないほうがいいよね損だよねもったいないよねそういう伝え方をします
ポジティブですね！
そんな言い方初めて聞くわ
「するな」という言い方自体もうやめてほしいポジティブに言わないと
性自体 神様が作って与えて私たちを喜ばせすばらしい結婚を味わわせるための祝福でしょそれがすばらしいと言えばいいわけで
なるほど〜
でもクリスチャンじゃないとその説明は通じないですよね
聖書を知らなくても真理は同じです
結婚前に性体験をもつことが結婚生活のプラスになるでしょうか?
神様が下さった（一度ついたらはがれない）「瞬間接着剤」だったものを
ピターッ
ぺろん
（何度もつけてははがすことのできる）「付せん」にしているのでは?

愛しているなら当たり前って説は
定番っす
「好きになる←告白する←つき合う←セックスする←別れる」これを繰り返すのが愛なの?
ふり出しへ
結婚の枠にしばられるのは自由じゃないいって説も
よくある…
今命が芽生えても産んで育てられないならそれは自由でしょうか?
命に対する責任を果たせない性関係は自由ではなく無責任なのでは?
性を結婚から分離して自由になったけど三組に一組の離婚 結婚一年以内でのセックスレスで傷ついている人の多さを思うとその自由は幸せにつながっているのかな?
NHKでも特集してた
セックスレスに悩むAさん(31)主婦
悲しいです
たしかにー とはいえ純潔教育なんて世間じゃだれも教えないし
だれか教えてー
「純潔教育」ということばには封建的なニュアンスがあってぼくは嫌い
うちの娘は身持ちが固く良い嫁になるぞ
男は除外で
的な…
えっ
じゃ何て言うんですか
知りませ～ん(笑)
わははは
えー
「結婚まで待つ性教育」とかあるけれど
一生独身の人もいます 25～30%は非婚ですから
「ずっと幸せでいる性教育」独身であってもね ぼく自身はそう言っています
いいですね それ!
聖書の教えは不自由なようでもいちばんの幸せへの近道なんです
過ちを犯した人には神様は回復の道も備えられています
くい改めて、
命と性について聖書の価値観をベースに語ってこられた水谷先生
長年執筆されていたブログのアクセス数ひと月六万以上だった(二〇一六年三月現在)
JUCEM
命と性の日記～日々是命、日々是性
水谷潔が書き綴る…
混乱し傷だらけの世の中で聖書の価値観を預言者のように語り続ける人がどれほど必要か
真理…
そして私たち大人が語るだけでなくその通りに生きることの大切さが身に染みた話はまたの機会に…
ずーん

貧困支援
「日本国際飢餓対策機構」
小西小百合さん

いちばん良いものをボリビアにささげ①

〒 581-0032 大阪府八尾市弓削町 3-74-1
日本国際飢餓対策機構大阪事務所
ホームページ https://www.jifh.org

二〇一五年「世界の村で発見！こんなところに日本人」（朝日放送）というテレビ番組で
俳優さんが何日もかけてたどり着いた富士山よりも高いアンデスの高地
まだつかない
苦しい
ほえー
そこで働く女性が紹介された
彼女は小西小百合さん
今回 小西さんが一時帰国中ということでお話を伺った
小西さんはボリビアで何を…
テレビは見たけどよくわかってない
JIFH東京事務所
貧困地域の子どもの教育支援と地域の自立開発支援です
ボリビアはカラフルな民族衣装で楽しいイメージがあるけれど…
Hola!
じつは南米大陸で最も貧しい国
慢性栄養不良のため五歳未満の死亡率は高い*1
個人的にはそれに加えて「人づくりの働き」
身体が成長するだけでなく総合的な…知的 情緒的 社会的 霊的にもすべての面で健全な成長をしていけるように働いています
それには神様を知って永遠のいのちを頂いて神様とともに歩むことが不可欠です
良い人になって成功しても魂の救いもなく聖書的な世界観がその人の中に息づいていなかったら十分ではありません

小西小百合／ハンガーゼロのボリビア多民族国駐在スタッフ。保健体育の教員として働き、一九九六年日本国際飢餓対策機構（ＪＩＦＨ）よりドミニカ共和国へ派遣。その後二〇〇〇年にペルー、二〇〇六年十一月からボリビアへ派遣。アンデス高原チャヤでの働きを経て、現在はＪＩＦＨ支援地域アドバイザーとしてリオカイネ、アサワニにてチャイルドサポーター活動及び地域の自立開発支援、「人づくり」の働きを続けている

＊1 ボリビアの五歳未満の死亡率千人中三十九人（二〇一五年ユニセフ）

どうして海外支援の働きに？
いつごろから関心が・・？
二十代の頃 教会でインドでボランティアを行うツアーに参加しました
最初に行ったコルカタの「死を待つ人々の家」*2では
ことばが通じなくても話を聞く
うんうん
食事や清掃 排泄介助 また 傾聴の ボランティアを行った
このままここで亡くなる方も多いからこそ意味のある施設なのだが
数日でせいいっぱい
つらすぎる 私には長くはとても働けない…
その後 訪れたホープアカデミー*3では貧しいスラムの子どもたちが支援によってキリスト教を基礎に英語による高い教育を受けていた
教育があれば未来に可能性が生まれ神様を知れば希望が生まれる
子どもたちの明るい笑顔にすばらしい希望を感じた
こういう働きを支えたいと思いました
おお それで今は子どもたちの支援をボリビアで！初志貫徹すばらしい〜
いえ その時は自分が行くなんて考えはなくて日本から支援をしていました
大阪府下の中学校に勤めていて教師の仕事が好きでしたし
体育の先生
子どものころは新聞配達所に住んで家族総出で働いたが経済的に大変だったので
いくら
しんぶんの集金です
ちらしおりこみ作業
はいたつ
お兄さん→
小2で集金のしごと
安定した生活をして家を建てて…という願いもありました
でもその後 母の病気の看病で仕事との両立が難しくなり
自分の仕事も願いも一度すべて神様にささげよう
祈って退職を決めた

＊2 一九五二年にマザー・テレサにより、インドのコルカタに設立された、貧困や病気で死にそうになっている人の最期を看取るための施設　＊3 インドの最貧困の子どもたちに世界に通用するような教育の機会を提供している団体

二人暮らしで看病の日々
その後母の病状が次第に良くなり
後はうちで面倒を見る小百合はそろそろ自分のことを考えて
今まで ありがとう
お兄さん
進路について祈り始めたころ
知人のJIFHの職員と会った
JIFHの
海外支援のスタッフになること検討してみて
え
他のいくつかの国際協力団体も候補に考えた
こっちなら二、三年くらいで帰って来られる
協力隊
その頃ふと訪れた夕拝でダビデの三勇士がダビデのために敵陣に乗り込んで命がけで水を汲んでくる話からメッセージを聞いた*4
彼らは命がけで大変なことをしたとは思っていないただ愛する王の喜ぶ顔が見たいと純粋な気持ちでそれをした
王さま水です
自分も神様の喜ぶことを純粋にしてさしあげたい
別の日宣教師から聞いたことばも心に残った
ささげものをするとき残り物をささげるのでなく最善のものをささげましょう
自分の最善それは今祈っている海外スタッフとして主に献身することだ
JIFHで…と決心した
以来 海外支援のスタッフとして二十年貧しい地域にいる子どもたちに
保健衛生や学校教育だけでなく教会や聖書の学び会を通じさまざまな形で成長を助け「人づくり」に携わってこられた…
小百合さんの歩みを伺いつつ大変だったことも含めすべてを益とされる主がずっと導いてこられたことまたその導きに小百合さんが潔く従ってこられたことをしみじみ思った
アンデスの山の中現地のお話は次回…
子どもが働く大変さも子どもを教える喜びも知っている小百合さん…祝福をお祈りします…
と同時に自分は最善をささげてきたのか?! と自問する私..

*4 サムエル記第二 23・13—17

貧困支援

「日本国際飢餓対策機構」

小西小百合さん

いちばん良いものをボリビアにささげ②

前回に引き続きボリビアで働く小西さんのお話
日本国際飢餓対策機構(JIFH)東京事務所
教育支援をしていたチャヤという山岳地域は標高四千メートル以上近くには小学校三年生までしかクラスがなく
本校へ片道二時間から四時間くらい歩かねばならない子どもたちもいました
貧困ゆえに親が働くだけでは足りず
放牧や畑仕事家の手伝いもしますから何時間もかけて学校に行く余裕はありません
男尊女卑が根強い地域で
女の子に教育は必要ないと家の仕事を強いられます
でも山の上でリャマと羊を追って
おしえて〜
おじいさん〜
メ〜
インカの時代から何千年も続く生活…って牧歌的な気がするんですけど
イメージ
山というと緑のイメージですよね
でもアンデスは夏でも夜は氷点下三千八百メートル以上は森林限界で草木も生えません

土地が痩せていて獲れるのはジャガイモと限られた雑穀類しかなくそれでは足りないので放牧もして夜まで働く
厳しい寒さの中で生きていくこと自体が毎日戦い
病気になっても病院もない子どもは労働力で子だくさん子どもの命よりも財産である家畜を大切と考え
放牧や畑仕事のほかに女性は十三～十五歳で結婚 妊娠 子育てと家事…重労働でほんとうに大変でした
ぜんぜん牧歌的…じゃないですね
女性たちは
自分は教育も受けてないし読み書きもできないつまらないものだ家長の言うことを聴くしかない…
と考え
酒飲んで罵倒されても暴力ふるわれても女と子どもはガマンするしかなかった…
そんな中で聖書的な世界観を伝えてきた
リーダー訓練会や学び会また個人的な関わりの中で繰り返し…
神様にあってあなたは価値がある存在なのよ
FH
え
たとえばそのひとりシリラさん

お母さんが病気だ
女だから
学校をやめて
家のことをやるんだ
昔からの価値観で
シリラ…
はい
教会も地域の人々も
女性に教育は必要ないと
思っていたけれど
こんにちは
JIFHの
職員の訪問で
少しずつ
心を開き…
本当は
勉強したいの
そんなに…
シリラさんは
高校を首席で卒業
イエス様を
受け入れ
大学で学び
社会福祉士になった
神様から
愛されている
私たちの
役割は…
あなたに
価値があるように
周りの人も
神様に愛されて
価値があるから
勉強し 神様から
与えられている
潜在的な能力を
発展させて
神様と人々に
仕える喜びを
知ってもらうこと
自分のことだけ
でなく
高校を卒業した
村の人たちの
役に立つ仕事をしたいと
ビジョンをもつように
変えられた
青年たちがよい模範と
なってきています
衛生指導をするのも
身体は
聖霊の宮で
大切にするのが
みこころだからね
彼女の仕事の名前は
「自立開発支援」
…だとしても
みんなが神様に
愛されている者らしく
生きるように
ただただ主に従って
おられるのだなあ～
ヒューマニズムじゃ
ないのね
大昔から続く
価値観の中で人生は
そんなものと諦め
ビジョンもなく
生きる人々
豊かなはずの
日本でも それは
たいして変わらない
神様に愛されて
いるように私は
生きているだろうか…と自問するのでした
さゆりさんの
尊いお働き・
お祈りして
います

救護施設
「救世軍自省館」

アルコール依存者のために

〒 204-0023 東京都清瀬市竹丘 1-17-60
TEL/ 042-493-5374　FAX/ 042-493-5396
ホームページ http://jiseikan.salvationarmy.or.jp

ななみのひいじいさんは酒で身上を潰した
酒好きで意思の弱いしょーもない人だったなー
そうそう
親せき
ななみ
人生がめちゃくちゃになっても飲酒し続ける人を昔は「アル中」と呼んでいたが
強迫的に飲酒行為を繰り返してしまう「アルコール依存症」とは
酒
意思や性格とは関係ない病気のひとつ その回復は簡単ではない
最近は見ない酒の自販機
東京郊外にある「救世軍自省館」を訪ねた
ここはアルコール依存症の方のための救護施設＊1
救世軍はいろいろな福祉の実践的な働きを行っていた中で
救世軍
宿泊所
一九七七年 東京都からの要請をうけて自省館が造られた
月島にあった保護施設の想像図
主任の酒井さん
初めは回復を前提にアルコール専門病棟から退院した人たちを受け入れていました
編集まみどーさん
ななみ
平成に入りアルコール依存症者の回復を支援する施設などが増えていき
アルコール専門病棟
依存症者のデイケア

＊1 生活保護法第38条で定められている保護施設の一つ

*2 脳の機能障碍によって発生する健忘症状

現場のNさん
父も以前はお酒を飲んでちゃぶ台をひっくり返すような人でした
でも信仰をもって変えられたのを見てきました
アルコールの回復のステップでは「自分が主人公ではない生き方」を提案します
自分中心で周りを思いどおりにしたいと思うとそれが依存になりそれが断絶になるので
神さま、私にお与えください
自分に変えられないものを
受け入れる落ち着きを
変えられるものは変えていく
勇気をそして、二つのものを
見分けるかしこさを
2012.12.1
食堂にあった大きな祈りのことば
それを手放すため大きな力の前に自分が無力だと認め自分で頑張る生き方をしない
自分は無力で大きな力に生かされているという感覚を
ここの職員はみな共有しています
私自身人生が大変な中で神様とたくさんの方に助けられました
自分がしてもらったように人にもしたいと思います
最も小さい者たちの一人にしたことは、わたしにしたのです[＊3]とイエス様は言われましたが
利用者さんが最も小さい者でいつも自分がしてあげる側ではなく
時には自分がいちばん小さくて
一緒に生きていくんだなーって思います
最も小さい者の中にイエス様を見いだして仕えていく愛の働き〜♡と思っていた
でもそれをアルコール依存症や生きづらさを抱えている人たちに実践していくには
「対人支援のプロ」としての意識や技術が大切だったのねー
社会なべ

＊3 マタイの福音書25・40

アルコール依存症の当事者

はらっぱさん

弱さを認めて生きる

＊1 オックスフォードグループ　＊2 ジョン・ミニー神父

退院後 はらっぱさんは精神科のデイケアにも通い そこでクリスチャンの方と知り合い 教会に通うようになった
←礼拝後のランチ 教会で
アルコール依存症のクリスチャンの人?
いたんですよ
そんなある日 仕事中にふと 自分が傷つけてきた人たちのことを思った
もっと自分がちゃんとしてたら
俺さえいなければ
俺はなんて馬鹿なんだ
こんな俺のためにイエスさんは十字架にかかってくださったのだ
生きていくのは今でも大変なこと でも 今は落ちても落ちた先に神様がいる…と知っている
Jesus
「神様のおかげで、こんなにしあわせになりました!」という人もいるけどね、ぼくの場合「神様のおかげで、どん底まで行かずにすんでます!」「死なずにすんでます!」「ギリギリ生きてます!」
ある日のツイート
あーなんかわかるかも〜
依存症でも神様に愛されている…と キリスト教系フリーマーケット*3では アル中クリスチャンとしてブースを出した
売るものもなく座っていただけだが 生きづらさを抱える人たちが話しにきてくれた
リスカしてて…
アル中クリスチャンです
またある日のツイート
3/17(火)
□飲まないで生きる
□神様を愛する
□隣人を愛する
生涯 依存症という弱さを認め 今日一日 飲まないで生きるよう 神様に頼っていく はらっぱさんの姿に
いや〜 オイラのことは どーでもいいです
ただ神さまは どんな人でも 見捨てないってこと 伝えてくださいね
生涯 罪人で 弱さだらけの私も 今日一日 神様に頼って生きることの大切さを 改めて教えてもらった
はいっ
伝わったでしょうか〜

*3 いのり☆フェスティバル

人災を考える

水爆実験での被爆

「第五福竜丸展示館」

〒 136-0081 東京都江東区夢の島 2 丁目 1-1
夢の島公園内
＊入館無料　＊月曜休館　＊ 9:30 ～ 16：00
ホームページ http://d5f.org

夢の島公園の中にある第五福竜丸展示館に行ってみました
出版部の
N:Rさん
まどちー
ななみ
第五福龍丸
わー 船がそのまま
一九五四年三月一日 太平洋マーシャル諸島にあるビキニ環礁で行われた
水爆実験の写真
キノコぐも…
学芸員の市田さんの説明でその時マーシャル沖にいた福竜丸の様子を知る
空が暗くなって どどど…と地なりのような音が……
おどろいて 朝食の茶わんを ほおりなげ
どどど…
リアルな描写なので 目に浮かびます
遠くに見えた大きな雲はやがて崩れて 船の上に白い粉と一緒に降ってきた
なに？？
なんだ
？？ ？
その粉は のちに死の灰と言われた放射性物質を含んだ珊瑚《さんご》
あのガラスケースにあるのが実物で
でぇ！
ええ～
でも今はもう 放射性物質は 出ていません

遠い昔
大変なことが
あったのね～
今の私には
関係なくてよかったな～
その頃 ほかにもあちこちで被爆した
日本の漁船 魚の分布図や
水揚げした魚を廃棄する写真
「放射能魚の
漁獲場所図
1954年
水爆マグロは
販売させま
当店で売
はみな
穴を掘ってマグロを埋める
展示館の庭にあるマグロ塚は
捨てられたマグロを覚えるため
築地に建てたいと作られたが
現在は夢の島に
仮設置されている
マグロ塚
ほえ～
漁師さんどんなに
くやしかったか
命がけで せっかく
獲ってきた 魚を
捨てなければ
ならなかった
気持ち
原発事故で
農家の方が
桃をつぶすのを見て
初めて気づきました
放射性物質は太平洋から
雲にのって
日本各地に降り
農作物からも
放射能が
計測されましたが
放射能の雨
昭和29年6月
お茶から
放射能
ガイガー カウンター
その年の終わり
日米の政治決着で
この問題は
「終わり」ということで
放射能検査を
打ち切り
それ以降は
汚染魚も「ゼロ」
病気になっても
関係なし
ということになりました
え？
ゼロ?!

うーむ　何か近年　似たようなな話を　聞いたようなな　…？
収束宣言とか　撤回したとか
水爆実験の行われたマーシャル諸島の人の写真も展示されていた
「死の灰」による火傷を調べられる少年
ロンゲラップ島では高い放射能レベルがあちこちから出て病気 流産や死産が増え
三十年前に島民全員で島を出て今も帰っていません
帰りたいけれどふるさとに帰れない
ひゃあー　今も?!
私には福島の今と未来に重なります
その苦しみをマーシャルの人福島の人だけに預けていいのかと私は問い続けています
むむむ　今の私には関係…なくなかったのか～？
放射能とか政治とかこういう大きすぎる問題ってホントどうすればいいかわかんないし
私なんかにどうにもできなさそうだし考えてもつらくなるから考えてもなかった…けれど
イエス様だったら苦しむ人の隣に行って寄り添ったよね
つらくなるからなかったことに…なんて決して言わなかっただろうなあ
などと船の腹を見ながら考えました
東京の電気福島で作ってたし…

「三浦綾子読書会」

森下辰衛さん

TEL/ 090-2058-5978
e-mail/ shiokaripass@gmail.com
ホームページ http://miura-ayako.com

にもかかわらず語る

二〇一四年ラジオ＊1で三浦綾子文学の研究者森下辰衛先生の話を聞いた
ひゃあ！『氷点』の犯人アダムがヘブル語の『土で造られた人』で土雄なの〜?!
佐石土雄の名前は…
目からうろこの発見
パソコンでラジオ聴いてます
もっと聞きたくて三浦綾子読書会に出て
ワハハ
いつも大笑いのあと泣かされる森下先生のお話
じ〜ん
神様の希望に目を向ける自分がいた
森下先生は全国で教会以外でも講演してますね？
『銃口』の講演依頼は憲法九条を守る会や労働組合、教職員からきます
『銃口』で描かれた「綴《つづ》り方事件」は戦前の治安維持法によるもの
法成立
平成25年12月6日 号外
秘密保護法
一方今は「秘密保護法」が成立する時代 今と当時を重ね合わせ考えるため依頼されます
でも私は憲法の専門家ではありません
状況に対して悲しみや怒りはあっても
記 三浦綾子記念文学館 ウラの見本林
人間が大事ということを伝えるため希望を語ります そして最終的には福音を語ります

＊1 NHK「氷点50年～三浦綾子文学の力を信じて」

＊2 当時、人権もない劣悪な状況下で働かされていた労働者

森下先生のお話は ぜひとも ライブで！ この記事の100倍わかり易く おもしろいです。(み)

ななみのひとこと感想

▼ノット・フォー・セール・ジャパン

人間を売る、なんてことが現代も行われているということ、しかもこの日本でと知って、本当にびっくり。というよりも、それまで「人を売買している」という理解が私はなかった。売春は創世記の時代からあるし、風俗産業も、保証のない低賃金も、当たり前に社会の風景の一つとして受け入れてしまっていた自分。でもそれは「人身取引」で、社会の風景、なんて言ってちゃいけない、と知ったのが、ノット・フォー・セール・ジャパン（NFSJ）の映画会で観た「ネファリアス——売られる少女たちの叫び」と、代表の山岡さんが翻訳された本『告発・現代の人身売買——奴隷にされる女性と子ども』だった（どちらもオススメ）。結構な衝撃を受けたので、私は絵に描きとめた（衝撃を受けるとつい絵を描いてしまう）。のちにNFSJのフェイスブックページなどに使っていただいた。

知らなかったことがたくさんあった。たとえば、コンゴ民主共和国の紛争鉱物の問題。自分たちにはあまり関係ないかと思いきや、それらは日本に住む私たちが使うゲーム機器やパソコンなどの電子機器の部品にも使われている。

ヨハネの黙示録一八章にある、地上で売買する商品リストには「金、銀、宝石」で始まり、食料品に続き「馬、馬車、奴隷、それに人のいのち」と書かれている。人の命よりも経済優先になりがちなのは、今も昔も同じで、自分もその価値基準に流されそうになる。けれど、聖書の価値観では、そうではないので、ちゃんと聖書の世界観で生きていきたいと思った。

▼マイノリティ宣教センター

勧業博覧会の話にびっくり。異文化を「見世物にする」ってひどいけれど、自分と違う人のことを「対象化する」というのは、私もしている。多様な文化、背景、生き方の人たちが増えていくのに、鎖国の歴史があるこの国の心の準備はどのくらいできているだろう？　天国はあらゆる国籍、国民、言語の人がともに主をたたえる場所なんだから、それはここから始めたい。自分と違う意見を受け入れるのは大変だ。頭と心の柔らかさを、神様下さい。

その後、マイノリティ宣教センターさんと一緒に漫画の小冊子を作らせていただいた。外国にルーツをもつ四人のお話をまとめた「からふるな仲間たち」（ご注文はマイノリティ宣教センターまで）。描きながら、外国にルーツをもつ方々のそれぞれの苦労に触れた。この国で日本人というマジョリティ側にいる私は、気づくことがなかったさまざまな思いに触れた。気づかなかったために、無神経な態度で、人を傷つけてきたこともあっただろう。少しずつでも知っていきたい。二〇一九年六月、川崎市で「ヘイト規制に刑事罰導入が」との記事が新聞の一面に出ていた。ヘイトスピーチは、ものすごい破壊力をもった暴力。適切な刑罰があってしかるべき。だけど、そもそもヘイトの生まれない社会を作っていけたらもっといいのに。

▼横浜カナンキリスト教会①

「ホームレス支援」と聞くと、（想像力の欠如している私なんかは）自分とは全然違う大変な状況に置かれた人たちと思い込んで、距離感を保ったまま接してしまいそうだが、田村さんは元当事者である。ゆえに、誰よりもホームレス状態の人の気持ち、必要、つらさがわかる方。なので、本当に親身に、同じ立場で、今もドヤ街で暮らす人たちを家族のように心配して、お弁当を配って、福音を伝える佐藤先生たちを助けている。田村さんもすごいけど、こういう人をここに置かれた神様がすごいなあとつくづく思う。

後日、田村さんの案内で、再び街の散歩をした。その時は、ラブラドールレトリバーを連れて野宿している方の所に案内してもらった。田村さんも私もわんこを飼っているので犬つながり。人間だけなら、泊めてもらえる宿泊施設はあるという。でも、愛犬を置いて一人ではいけないと、野宿を選んでいる方だった。家はなくても、狂犬病の注射もちゃんとしている。わんこは飼い主さんと一緒で安心して眠っていた。

海外にはペットを連れて行けるホームレスのためのシェルターもあるという。人も動物も安心して幸せに暮らせる場所が、みんなに与えられますように。

▼横浜カナンキリスト教会②

愛とか、謙遜とか、献身とか、もうことばでは言い尽くせない。人生のすべてをささげて、ドヤ街の人たちの魂のために働いて、それも、神様の愛を伝えることを喜びながら。関わった一人一人を愛しそうに、懐かしそうに。こういう方々がいるというだけで「神様の愛ってどこにあるの?」なんて浅はかに思っていた自分の頭がぶん殴られた感じであった。「ドヤ街のラザロさん」のお話は、横浜カナンキリスト教会の十二年間の記録映像DVD「かえろうともよ」を参考にさせていただいた。教会ホームページからも閲覧できる。元ホームレスだった方々がキリストと出会ったという証しの数々。キリストは、路上にも、ドヤ街にもおられたことがよくわかった。

ところで、その後、徐牧師が販売しているキムチを購入させていただいたが、本場の味！　韓国で買ったキムチを彷彿させる味で、すこぶる美味であった。また食べたい。

▼水谷潔さん

純潔教育の話をしている人を、私は水谷先生以外知らない（きっとおられるには違いないが、自分のわかる範囲では）。私はもっとこういう話を日常的に耳にしたい。日本のあちこちで、してほしい。水谷先生の話をもっと聞きたい。そして水谷先生以外の人にも、教会でも、テレビやラジオでも、小説や漫画でも、毎日聞きたい。預言者のことばを日本の子どもたちは、聞く必要があると思う。誰もそういう話をしてくれないのに、たった一人でこの世の価値観と戦うのはとっても大変だと思う。そういえば、結婚まで守ると決めている、海外セレブたちの記事をツイートしている友達もいたね。ガンバレ、みんな。

▼日本国際飢餓対策機構・小西小百合さん

小百合さんは今もボリビアに駐在中。今も地域の人々に神様から与えられた尊厳を伝えている。最近のニュースレターでは、四〇〇〇メートルの高地に住むある家族のことが書かれていた。長く続く貧困のため、自分の子どもが事故にあっても、病院に連れて行くという習慣がなかったが、日本国際飢餓対策機構のスタッフが「人の命は神様からいただいた大切なもの。『自分たちは何もできない。貧しさはどうせ変わらない』という考え方は間違い。誰もが神様から能力と可能性を与えられている」と伝え、子どもを病院に連れて行き、手術を受けて健康を取り戻したこと、そして両親もその村の人たちも以前より子どもの面倒をみるようになったことなどの報告があった。病院の少年に寄り添う小百合さんの写真とともに、このことばで締めくくっていた。

「わたし（神）の目には、あなたは高価で尊い。わたしはあなたを愛している」（聖書）

▼救世軍自省館

作家の中島らも、鴨志田穣さん、漫画家の吾妻ひでおさんが好きで、読んでいた私。この三人の共通点は魅力的な作家であることと、アルコール依存症ということ。私の曾祖父が酒で身上潰したことや、身近な人が酔いつぶれた姿を見ることが日常的にあったので、依存症が人ごととは思えなかったし、どうやったらお酒をやめて社会復帰できるようになるんだろう、という関心があった。

しかし、自省館で伺った話では、今は暴れたりするような入所者はおらず、障碍や認知症を抱えた高齢の方々が多いこと。「治す」とか「回復」を終えて「社会復帰」だけが目標なのではなく、そこで暮らす方々が日々穏やかに暮らす助けをしているということ。治らなくても、回復しなくても、復帰しなくても、愛され、人としての尊厳を尊ばれ、日々、生活の小さな喜びの中で、暮らすことの大切さを思った。

そしてそこに、福祉のプロの姿を見た。もう、いろいろ考えさせられた。なぜなら私は、アルコールに限らず、すべての依存症、すべての機能不全は「回復」を常に促されるべき、回復を成し遂げ、社会復帰に向かわねばならないと思っていたから。

私自身、機能不全なところが多々あり、低い自己評価、間違った思い込みも多い。なので、それじゃ「私はダメ」だと。「まだ治ってないのか」と、人にも言われ、自分でも常に自分に言い続けていた。そして思うような「回復」の見えない自分は、愛されることもないだろう、とも思っていた。

でも自省館で聞いたことばは違っていた。「回復」できなくても、ダメじゃない。悲しく残念なことだけど、ダメじゃない。そしてその人が愛されるのは、どれだけ「回復」を成し遂げたかによらない。自省館のミッションは「アルコール依存症者の中にイエス・キリストを見いだし、愛し、仕える」のだ。その人の中にいるイエス様に。イエス様だったら、尊敬をもって仕える。相手の尊厳に敬意を払う。愛する、という使命。それは、施設の外で、さまざまな弱さを抱えて生きる人に対しても、同じなのではないか。

▼アルコール依存症当事者・はらっぱさん

はらっぱさんのツイートは今日も続いている。

「おはようございます。アル中、自己中、生涯回復中のはらっぱです。今日、飲まない一日が与えられますように。嘘をつかず、焦らず、自分だけが正しいなどと勘違いすることなく、思いやりを忘れずに過ごせますように。家族、教会の兄弟姉妹、依存症仲間とその家族、援助職の方たちが守られますように」

ああ、そうだった、私も「生涯回復中」なんだ。それがわかっていなかったんだ。むしろ、終わりなんてない。自己中の私の「回復」は天国に行くまで終わらない。「生きづらさ」もそれなりにずっと続くだろう。はらっぱさんの「生きづらさ」を感じる正直なツイートに共感したりなぐさめられたりする。彼が紹介してくれる書籍は「生きづらさ」関連のものもしばしばで、結構な確率で私はハマる。そういう意味でも情報源になるツイート。今日も「生きづらい」と感じていてもいいんだ。生涯回復中なんだから、と気づく。神様と一緒に生きていこうね。

▼第五福竜丸展示館

第五福竜丸のことは、ベン・シャーンの絵画展に行って、初めて知った。何十年もたって記事を書いた時に、知人に夢の島にある展示館に案内してもらった。初めて行った日に学芸員の市田真理さんのお話を聞いて衝撃を受ける。ものすごいリアルなお話で、臨場感あり。自分が、福竜丸が見たものを一緒に見たように感じて。頭の中からその鮮明なイメージがいつまでたっても離れないで、ずーっと福竜丸君が頭の中にいた。なので、これは絵を描けという神様からの指令なのではと思いこみ、描いた絵が編集さんの目に留まり、絵本になった。『ぼくのみたもの　第五福竜丸のおはなし』（いのちのことば社）。

そして二〇一九年、展示館が改修工事を終え、リニューアルオープンし、その絵本のパネルを小さなお友達の見やすい低いところに展示してくださっている。機会があればぜひ。

▼三浦綾子読書会・森下辰衛さん

三浦綾子さんの本、学生の頃は何冊も読んだ。わかったつもりになっていたが、森下先生の講演を聴くと、え！ そんなテーマだったの？ そんなこと書いてあったの？ え！ そんな含みがあったとは！ 深い、深すぎる～と驚くことばかり。お話を聴くと、また本を読み返したくなる。漫談かと思うほど笑わせてもらったと思ったら、大泣きさせられたり。もう泣いたり笑ったり忙しい。そして、人とは、命とは、愛とは、神様とはと考えさせられる。一人で本を読むのとは違う楽しさが読書会にはあると知り、今は読書会に参加している。本を読んでいる間は、ちまたにあふれる「この世の価値観」と違う綾子さんの人間観、価値観の世界に浸れる。この世の価値観で自分を測ってはがっくりしている私でも、読んでいる間は「人間を見いだすまなざし」と「希望」を、綾子さんからもらっている。森下先生の似顔絵、「かわいすぎる、全然似てない」と娘さんからのダメ出しがあったそう（笑）。

付録1

横浜さんぽ

横浜の街に眠るキリスト教

歴史の復習

「日本のキリスト教伝来は種子島・ザビエル」と学校で習った…その後
禁教令や鎖国令もありキリスト教は私の日本史の記憶から消え去った（日本史の成績2だったし…）
今はこの絵もビミョーらしい
日本史
1549年
でも福音は伝えられていた…なので横浜を歩きながら開国〜明治頃の史跡をたどってみまーす
ペリー来航で開港
この木
有名な「ペリー横浜上陸図」
ペリー提督横浜上陸
1853年
に描かれている木と言われている
横浜開港資料館にある「たまくすの木」を見学
開港したので続々とやってきた宣教師たち
ジラール神父
1857年
ヘボン医師夫妻
1859年
バラ夫妻
1861年
などなど…
はいでこのお寺成仏寺ですが
いきなり寺？
開港当初はアメリカ人宣教師の宿舎に使われヘボンは本堂に住んだそうです
友人K嶋さん
史跡 外国宣教師宿舎跡
ほんとだ 脇に「宣教師宿舎跡」の碑

ヘボン式ローマ字や聖書翻訳
医術 教育…
ヘボン塾からフェリスや
明治学院大学などの
学校が生まれ
ヘボンさんの功績は
ありすぎです
ヘボン邸跡に
彼の碑が建っている
ちなみにヘボンさんは
プリンストン大学卒業
プリンストンって
作家の村上春樹が
教えてた大学!!
なんかウレシ～♡
ヘボンの史跡とは何の
関係もなし…
←春樹ファン
ハルキスト
ヘボン塾で学んだ若者たちを
中心に設立されたのが
指路教会
1874年
名前はヘボン博士の
母教会 Shiloh Church から
一方 バラ塾で学んでいた人々の
祈祷会から始まったのが
横浜海岸教会
1872年
こちらは日本人のための最古の
プロテスタント教会
開港直後に時を戻すと
この時 禁教令下だったが
外国人居留地の中で
外国人への布教は
ゆるされていた
外国人は
信仰していいけど
自国民への
布教や
改宗を
禁じる国…って
今もあるよね
ずーん
そこでジラール神父のもと
外国人居留地に
カトリックの天主堂が建設
横浜開港後の
初めてのキリスト教会
THE FIRST
SACRED HEART
CHURCH
1862年
天主堂跡の碑にあるレリーフ↑
もの珍しさもあって
落成式には多くの日本人も
見物に訪れたが
なんだ
なんだ
ここは外国人だけが
出入り許可されている!
日本人はタイホ!
神奈川奉行所は
日本人二十人を捕らえ

日本語の説教は禁止だ！
神父にも禁止令が出た
えーそんなぁ～
逮捕された見物人の釈放に尽力したのが勝海舟
イメージ
なんとかしましょう
出してー
計百両の謝罪料が支払われたそうだ
横浜天主堂は山手町に移転し今の山手カトリック教会になった
もとの天主堂跡の碑が現在中華街の近くに建っている
うぅ…キリスト像なんか狭そう～
すぐうしろビル
天主堂の史跡よりも今の日本人にはセガのほうが大事？
ここにキリスト像と碑
セガアミューズメ
プリクラ
SEGA
GAM
セガ(ゲームセンター)に負けてる気がする
交差点名は「天主堂跡」なんだけど～
一五八七年 秀吉によるバテレン追放で始まり
一八七三年 やっと制度としての高札の撤廃
明治政府がキリスト教を公式に認めるのは一八九九年
西欧に言われしぶしぶ
近代国家にあるまじき
でもなんだかんだで戦後まで四百年間信教の自由なし…
定
戦中に投獄された牧師とか
禁教下でも神様の愛を伝えようと日本にやってきた宣教師たちの足跡をたどり…
私は今も外国人居住区の中にいるような気がしていた
この日 とちゅう横浜は大嵐に
信教の自由…のはずなんだけど
神は愛だけど…押しつけるつもりはなくて…
？
自分の信仰するキリスト教のことでほかの日本人に迷惑かけてはいけないような気の重さ…
単に私が不信仰で小心なせいか
最後は重慶飯店でお土産を買って帰りました
料理長の証し読んだし
神さまのあわれみでこの国で信仰していくのだ
ここの月餅がものすごく美味♡

2章　共に生きる

精神障害を抱えた人々が
共に生きる「べてるの家」

向谷地生良さん
〒057-0024 北海道浦河町築地 3-5-21
（社福）浦河べてるの家
TEL/ 0146-22-5612
ホームページ https://bethel-net.jp

問題があっても順調①

＊1 イベント「向谷地生良さんと当事者研究を体験する」（二〇一六年三月二十四日、浦河べてるの家・いのちのことば社フォレストブックス共催）

「問題がないことが
よいこと」でなく
「問題山積み」の旅が
イエス様に
とっては
「それで順調！」？
自分も
失敗と問題
だらけ
当事者研究
会場で選ばれた
精神疾患の当事者の方が
それは
いつ頃
から・
向谷地さんの
質問を受け
とてもわかりやすく
図解入りで
圧迫
・・・
これまでのご自身のこと
「体感幻覚」の
つらさなど
語ってくださった
体感
幻覚？
はじめて
きいた
おつらい
だろーなぁ
こんなふうに
ちゃんと
精神疾患の
症状について
その当事者から
聞いたことって
…なかった…
病気の友人は
何人か
いるけど…
質疑応答の時間
精神障害者の
ご家族からの
悩みや疑問について
向谷地
さん
これこれは・
どうしたら
べてるの当事者に
答えをふると
今の質問
○○君は
今のどう
思いますか？
当事者の視点からの
意見や具体的な
対応策を語ってくれて
とても参考になる
ぼくの
場合は・・・
私は友人のことを
思い出して
聞いてみたくなった
とーいえば
あの人の…
いつも対応に
困るんだよな
あれは
やめて
ほしい
どーすれば

ある問題を抱える人が……
これこれで……私たちは困っていて……
いろいろやったけどどーにもならず
どうしたらいいでしょう
その方にはいろいろそうなる理由があったと思いますが
だれか一人でも尊敬をもって
その方の話に耳を傾ける人がいると良いですね
えっ
だれかって…私けっこー話聞いてあげた…けど
いや…
聞いて
あげた
これが だめなのか
尊敬を……もって……ない
当事者の方は
ぼくもその方と同じで……できなかったのですが
仲間に支えられているという
今はべてるの仲間が一人でやらなくていい一緒にやろうとそばにいてくれて
自分は友人の「仲間」にはなっていない
上から見て「問題」行動を止めさせたかっただけだ
↑こういうエラソーな自分こそが問題だとも気づかず…
こんな自分もイエス様は旅の仲間にしてくれたのに
自分も友人にも教会の中にも「問題」はあってはいけないと思っていたよ……
500円です
本
何があっても「それで順調！」と言ってくださるイエス様と一緒に
イエス様が招いてくれた仲間と一緒に
旅を続けて行きたいと思った

精神障害を抱えた人々が
共に生きる「べてぶくろ」

問題があっても順調②

向谷地宣明さん
〒180-0022 東京都豊島区要町 1-45-18
コミュニティホーム　べてぶくろ
e-mail/ bethelbukuro@gmail.com
ホームページ http://bethelbukuro.jp

「べてる」の精神を受け継いだ東京池袋にある「べてぶくろ」
ふつーの民家なのね
「月刊当事者研究」に来てみた
月刊 当事者研究
名前
気分 体調
良かったこと
苦労してること
これで自己紹介
参加者十数人全員の自己紹介
良かったことはここへ来られたこと…
「べてぶくろ」は心が休まる所です
当事者研究ミーティングがいっぱいあって
ふーん
「当事者研究」は広がっているのね
「当事者」さんの取り組みを伺う
ぼくには圧迫というか人からのプレッシャーがあって家から出られなかった…でも
具合が悪いときこそみんなの所に出て来て話して…と言われて
みんなといる…って大事なんだ〜
これで圧迫が減るのかと思ったけれど三日がかりで作ってみて試したら…
色々工夫してやったら
圧迫が減っていって
その研究成果をお話ししてくださった

Tさんの研究は
天は二物を与えずと言いますが一物は与えているので
欠点をマイナス長所をプラスと
数式で表してくださった
人間は必ずこの円上にいて…私はマイナスで何もないと思っても
天1つ 欠点(−) 長所(+)
複素数 z=r(cos
天からの絶対値1
神様から与えられた絶対値の1は常にあるのです
天は一物を与えているという証明ですね
他人にどう思われるかが怖くて自分のことが話せない…
それについて研究してみたとき
それ わかる わあ…
それは完璧でないといけないと考えていたからだと気づいて
でも 完璧な人はいないし神様が何か一つは与えてくれている絶対値の1はあるので
欠点のある自分でも大丈夫なんだと…
数式はさっぱり?? でも
(−)だらけの私にも
神様の1はいつもある
数学ガールの研究発表に心うたれた
ななみのスマホ画面には「神様はきみを愛している」が出てくるようにしてある
雑談中にTさんに見せたら
すぐへこたれるので自分にいっつも言いきかせてます
God loves you

私の絶対値1と同じですね！
すてき
そうです
同じ♥
それぞれのやり方で弱さを乗り越える工夫を試行錯誤できる…っていいなと思った
司会の向谷地宣明さんに研究会の後質問
「べてぶくろ」の良かったことと苦労していることは？
良かったことは
さよならー
また来月～
いることのできる「すきま」ができたことでしょうか
今の都会にはなかなか居場所がないから
それとここは法的枠組みが何もないので
ケアする人ケアされる人という区別がありません
スタッフもいないし
どうしてもケアしようとするとそれは「支配」になってしまうから
支配・被支配という関係がないのがいいですね
たしかに
むむむ…
苦労していることは？
それはもう…苦労だらけで
家賃光熱費のお金ないし…
トラブル絶・えないし
来年はもうやってないかもしれません
…それでも
えー
居場所があって弱さや課題をそれぞれが当事者研究できて仲間がいるって…すばらしいと思った
近所にもあるといいなべてる的なもの。

在日外国人

村上フェルナンドさん

多文化共生への一歩

日本に着いて一週間たってから自分で行くと決めて日本の学校に通い始めました
??
ことばは何もわからなくて最初は大変でしたが
毎日お祈りして学校にも元気に通えました
今は日本語ペラペラ
仕事も神様が与えてくださいました
年もいってるし日本語もできないのに…
二年間祈って…希望の場所に転職できました神様に毎日感謝しています
他のペルー人はやめてしまったけれど
十年パートを続けてこられました日本の方の中でたった一人のペルー人ですが守られています
へー
近所の人も親切で良い人ばかり
コモエスタス
かたことのスペイン語であいさつするおじいさんや
神様のおかげです
外国人だから大変なはず！というのも私の決めつけだったのね～
はずかしー
感謝と賛美ばかり
フェルナンドさんは心からわきあがるように恵みの証しを語ってくださった
神様の恵み
20代の頃
ペルーにいた時神様を信じる前は酒に溺れホームレス状態になりかかっていた
牧師（自身もアルコール依存の経験者）の指導する聖書中心の回復プログラムに参加して
当時のクラスメートは今は何人も牧師になっていた
何とか仕事に復帰できたが
仕事を始めるとまた教会を離れ好きかってな人生を歩んだ…
毎夜パーティー
らんちきさわぎ
再び酩酊し真っ暗闇の中で教会の鐘の音…
ゴ～ン
ゴ～ン
苦しい～
ああ～自分の葬式の音だ！死んだんだ！
でも目が覚めると日曜の朝の実家だった
クリスチャンのお母さま
ゴーン♪
ゴーン♫
生きてた！
一緒に教会に行く！

その日礼拝ではすべて自分のことを話されているとしか思えず神に従う決心をしました
洗礼受けてすぐ後にまた日本に来た
フェルナンドさんのすばらしい証しも知らなかった
他にもいっぱい話してくださった神様の働き
ずっと同じ教会に通っていながら何も知らなかった〜
どうせことばが通じないからいいや…って関係ないやって思ってた
知ろうとしなかったし
10年も近くにいても
「寄留者（在留異国人）を虐げてはならない」*1と聖書には何回も繰り返しでてくる
積極的に「虐げ」るつもりはもちろん　なかったけど
これ読んで「多文化共生」の仕事ひきうけたし…
出エジプト
申命記
預言書
etc.
知らなくてよい関係ないって…さみしいしもったいないよね
日本が貧しかった頃政府の奨励でハワイや南米などに移住した日系一世の
日本では南米はじめさまざまな国への移住が推奨されていたのさ
えっ死んじゃ…
干ばつや水
異国の地で重労働や疫病や差別と戦った困難な歴史…
わしも子どもながらにサトウキビ畑で働いたんだよ
わしの父は働いて働いて
一九九〇年の入管法改正で日系人が約三十五万人日本で働くようになったことなど…少しだけ知った
もちろん他にもさまざまなかたちで外国にルーツをもつ人々が身近に増えている
うちのおとなりさんも日系ペルーの方
ゴミ
聖書には「寄留者とともに喜びなさい」*2とも書いてあった
となりのとなり…はインドネシアの方々
ことばの壁はあるけれど
せめて思いっきりの笑顔で挨拶することからはじめよう〜
いってらっしゃーい

＊1 出エジプト記23・9など

＊2 申命記26・11

＊右の絵は『クラスメイトは外国人　多文化共生20の物語』編・外国につながる子どもたちの物語編集委員会　まんが・みなみななみ（明石書店）より

便利屋
「つなぎてホームサポート」

横田栄さん

地域の必要に寄り添う①

つなぎてホームサポート（便利屋）
TEL/ 048-711-1922
e-mail / info@hs.tsunagite.com
ホームページ hs.tsunagite.com

「つなぎてホームサポート」／ハウスクリーニング、リフォーム、家の雑用、片付けを行う「つなぎて」は、南浦和バプテスト教会の牧師が中心となって始めた社会的企業。「ちょっとしたお手伝い」による人と人のつながりをつくり、みんなが安心して暮らせる地域をつくることを目標としている。また収益の10％は地域貢献団体に寄付している

二〇一一年　東日本大震災では
3・11いわて教会ネットワークを通じ
宮古にボランティアに何回か行った
教会員がみんな生き生きと奉仕してる
地域の人たちも喜んで教会を受け入れてくれて
こんにちはー
キリストさんがきた〜
ありがとや〜
ここは震災があったから…でも
被災地でなくても
さいたまでも
何かしら必要があるのでは…
教会の役員会で
地元でも何かできないだろうか
「宣教」は日本語だと「教えを宣べる」
だけど英語では「ミッション」
ミッションは教えるだけではなくいろいろあると思う!
教会員が地域のためにキリストの愛をもってしたいということをしよう!　と
わい
わい
わい
わい
今までの役員会でいちばん楽しい〜!
その頃たまたま参加した牧師の勉強会で
…ということを考えていて何かできないかと
ふじみキリスト教会
犬塚先生
できますよ!
私は副業で家の内装などの仕事をやっていて…
えー?
詳しく教えてください
お茶のじかん
教会で再び話し合い
私たちは会堂もない人数も多くないけれどその特色を生かした形で地域に根ざしていこう
あなたがたの良い行いを見て、天におられるあなたがたの父をあがめるように
(マタイの福音書5章16節)
みことばにあるように私たちの良い行いを通して証《あか》ししていこう
精いっぱい地域に仕えていこう!
「地の塩　世の光プロジェクト」と決めよう!
できることからやっていこう
「地の塩」は地域に出て良い行いをする
「世の光」はみことばで霊的に養う
両輪で地域に仕えていこう!

まず牧師が率先してやらなくては
二〇一二年
犬塚先生の紹介で
職人さんの所に
通って
仕事を教えてもらい
技術を習得
「つなぎて
ホームサポート」という
便利屋開業の
準備を進めていた頃
病院から突然の電話
バプテスト教会の横田先生ですか?
○○病院です
お医者さん
Aさん?
教会員にはいないですが…
お宅の教会のAさんが危篤状態です来てください
バプテスト…よこた…
よこた…?
って言ってます
ホームページで調べて連絡くれたお医者さん
集会室を借りていたビルの警備員さんだ!
もう三、四年会ってなかった
こんにちはー
おもいだした…!
Aさんは部屋で体調を崩し動けないまま餓死寸前のところ見つかった
別人のよう
やせ細って
身寄りがないAさんの部屋を引き払うため掃除と荷物の処理を行った
それが「つなぎて ホームサポート」の第一号の仕事になった
ふつうに人が暮らすこの街でも壁一つ挟んだ向こうでは人が死にかけてもわからないなんて
やはりこういう活動は必要なんだね!
Aさんはその後元気になられ時々礼拝にも来てくださる
よこたせんせい
Aさん
地域の隣人が抱える悲しみや苦しみに心を込めて寄り添うそれが「つなぎて」のミッションの一つ
これからも「つなぎてホームサポート」「地の塩 世の光プロジェクト」は続きます
ありがとうねー

便利屋

「つなぎてホームサポート」

横田栄さん

地域の必要に寄り添う②

前回に引き続き南浦和バプテスト教会の横田牧師を中心とする社会的企業「つなぎて」のお話を伺う
横田先生が便利屋さんを始めると言った時びっくりしませんでしたか
教会員の新村さん
いえ…
それより前に
ある日突然礼拝の後
みなさんお祈りいただけますでしょうか
朝起きるのもつらくて礼拝のメッセージを考えるのも大変です
えー
と先生がおっしゃって
えそれみんなの前で言ったんですか？横田先生正直～
六年ほど前…
「教会成長」のための…
○○教会は何人救われた何人増えたという報告など
はあ～
がんばってきたけれど結果は出ない
人が次々救われるわけでもなく
牧会が壁に当たってやっていく自信がまったくなくなった
牧会

教会会計も大変で
先がまったく
見えない
このままでは
家族も養って
いけない…
先生～ 今月も きびしい です
経済的にも 不安…
とはいえ 自分の生活のために 教会員を増やそうと 考えるのも おかしい
伝道に自信も なければ これからの ビジョンも見えない
自分は 牧師失格じゃないか…
でも こういうのを 隠していくのは イヤだから みんなに話そう…
つかれました
という 牧師の告白を 聞いて…
どうしよう… 先生が そんなことに なっていたなんて ぜんぜん 気づかなかった
ふだんは ニコニコ されてたから…
いつもの スモールグループの 交わりの時に
この間の告白 びっくりした よね
うーん
その話を聞くまで 自分たちが 牧師のために祈るとか 支えるという意識が まるでなかったことに 気づいて
私たちに できることは ないかなあ
一人ずつ 曜日決めて 毎日牧師のために 祈らない?
私たち ちょうど 七人いるし
じゃ私 月曜に祈る
私火曜日
ということで しばらく みんなで 祈っていた

数か月後のある日
みなさんっ
ビジョンが与えられました〜！
べんり屋をやろうと思いますっ
便利屋を始めたいという話を聞いて驚くというよりは
あ お祈りが聞かれた
と思ったのでした
べんり屋の
こんな出会いが
祈ってたの？知らなかった
あれ？言いませんでしたっけ？
今にもどる
その後不思議と教会会計が祝福されて…
教会から謝儀をいただけるように神様が祝福してくださっていますが
生きていく方法がこんな形でもあるんだとわかっただけでも安心して牧会に取り組めるようになりました
べんり屋 つなぎて
日本の教会って小さいからこそいいところもいっぱいあると思うんですよ
教会が大きくならないとだめだとか何もできないとかじゃないですよね
「小さな群れよ、恐れることはありません」って神様は言っておられますもんね！
子ども入れて20人の教会
小さい教会はもがいてるけれどある意味祝福でもがいているからこそ健全に進み新しい考えも生まれるし
小さいままでも地域に証《あか》しできる方法があってもいいんじゃないかなと思うようになりました
建物もない小さい教会のいまの自分たちでできる範囲のことをやろう
ちょこっとでもいいじゃない！
そうして生まれたのが女性のための「ちょこっと応援隊」その話はまた次回

便利屋
「つなぎてちょこっと応援隊」

地域の必要に寄り添う③

つなぎてちょこっと応援隊（有償ボランティア）
TEL/ 080-8707-2727
e-mail / mail@ouen.tsunagite.com
ホームページ ouen.tsunagite.com

引き続き 南浦和バプテスト教会の 横田牧師を中心とする 社会的企業「つなぎて」の お話を伺う
「つなぎて ちょこっと応援隊」は 教会の女性たちの働きと 伺ったのですが どういった経緯で？
教会員の新村さん
横田先生
横田先生が 便利屋さん「つなぎて」を 始められて 内装工事などは 技術が必要なので 横田先生だけで やっていましたが
二〇一五年
私たちも 手伝えることがあったら 手伝います
という感じで…
お掃除など 手伝ったり していた
ある日「つなぎて」に 高齢のおじいちゃんの病院 の付き添いを頼まれた
その日は 都合がつかなくて
じゃ 私が 行きますね
一人でも 行けるけれど 何かあると 不安なので 一緒に来てもらえて 助かります…
病院
こういう付き添いとかも 便利屋の依頼で 増えるかも しれないね
ご自分で歩けて 判断できる方の 付き添いなら
介護の資格などが 特になくても
私たちが 一緒に行っても 大丈夫なんじゃない？

「つなぎて ちょこっと応援隊」／さいたま市浦和区・南区の女性のための有償ボランティア団体。主婦の方やご年配の方など、一人ではできないけれど、ちょっとした助けがあればできる！ということをサポートできればと願っている。南浦和バプテスト教会を母体としている

新村さんは訪問介護の資格をもって仕事をしているが
実際訪問でする仕事はお掃除したり洗濯物干したりご飯作ったり
ふつうの主婦ならできることがほとんど
じゃあふつうの主婦が行ってずいぶん助かるおうちがあるんじゃないかしら
私たちができる働きでキリストの愛をもって地域に仕えられることがないかな…
教会堂がないからいつもみんなが集まれる場所があるといいね
とはいえ家賃払うのもまだ経済的に大変…
どこで地域に仕える働きを
教会のミーティング
場所に人を集めることよりも自分たちが出て行くというほうに視点を変えてみようよ
今の自分たちでできる範囲のことをやろう
ちょこっとでいいじゃない
こうして便利屋さん「つなぎて」の姉妹グループ地域の女性のための「ちょこっと応援隊」が生まれた
略して「ちょこ隊」
孫からキーボードもらったけれど弾き方がわからないので教えてほしいの
え私はピアノの先生ではないけれど私でいいのかしら
ピアノ教室に行くほどじゃないから…
「ちょこ隊」に依頼
小田切順子さん
行ってみると小さなキーボードで
練習して童謡「チューリップ」の一節が弾けるようになった
そうそう
うれしいわ〜

あなたが
来てくれるというので
手をね
きれいにしてたの
私なんかのために
手をきれいに…
教えてくれて
ありがとうね～
こんなに喜んでくださって…
ピアノ弾くだけじゃない
一緒に過ごす
この時間そのものが
大切なものに
思えてくる
神様のお仕事だから
これまで無理な仕事や
自分にできない範囲の
ことはこなかった
自分が
やっていることよりも
利用者さんから
受ける恵みのほうが
よっぽど大きいです
…って
順子さんが
今に戻る
なんで応援隊かというと
利用者さんと
一緒にやるっていうことが
原則なんです
一緒に買い物に行く
一緒に掃除をする
一緒に何か作る
一緒にやりましょう
ただサービスを
受けるのではなく
自分ですることを励ます
原則は応援だけ
「応援隊」の願いは
みなさんの
「出番づくり」
自分でできるということを
励ましていきたい
サービス「する側」
「受ける側」に
分かれてしまうのではなく
自分でもできる
ということを
経験してもらいたくて
できた
与える
サービス
する
受ける
与える受ける
じゃなくて
一緒の側に立ちたい
横並びの支援…
むしろ一歩下がった支援で
背中を押して
こちらはただの応援で
主役はその人
できた
もちろん「つなぎて」や
「応援隊」に参加しなくても
いいんです
それぞれの家庭や
職場で
それぞれが
地の塩 世の光として
仕えていく
仕えるものの姿を
とってこられた
イエス・キリストが
私たちの見本です
ああ～いいなあ
こういう働きが
いろんな所に
あるといいなあ…
そして私は
「仕える者」として
何ができるかな？
ななみの自宅
あ～しかし
その前に
ちょこ隊に来て
そうじ手伝って
もらいたい～

社会福祉法人
「同仁学院」

関根美智子さん、歩さん

ぎゅう

子どもたちを抱きしめて

TEL/ 042-989-1217（あいの実）
ホームページ https://www.doujin.or.jp

埼玉県日高市
社会福祉法人「同仁学院」は
児童養護施設「あいの実」
児童家庭支援センター「シャローム」
一時預かり「シオン子どもの家」
などがあり
保護の必要な子どもたちを預かって養育したり
子育て中の親の相談にのったり
一時預かりをしたり
さまざまなかたちで地域の子どもたちの養育を支援している
理事長の関根美智子さん
終戦直後
昭和二十年
戦災孤児があふれていたのを見かねた
創立者・関根幸一郎と妻のヒメが
子どもたちを木材の作業所だったところに受け入れたのが始まりでした
夫妻はクリスチャンになり
牧師がいつも聖書の話をしてくれた
子たちよ わたしたちは言葉や口先だけで愛するのではなく 行いと真実とをもって愛し合おうではないか
当時 牧師先生が書いてくださった
I ヨハネ3:18
（…のを ななみが マネした）
これがずっと私たちの使命です
幸一郎が早くに亡くなりヒメが施設長となったが
ヒメはふつうの主婦だったので事業をやるような人ではなく
ふつうの家庭のように子どもたちを愛してしつけました
とても厳しい人で怖い姑だったんですよ〜
怖かったんですか!
職員には本当に厳しかったです
家族にも厳しくて
すごくきちんとした人で
現施設長の関根歩さん
子どもたちのことを考えて厳しかったのだと思います

施設の入所時に
大泣きしていたのを
ヒメさんが
抱きしめてくれて
安心しました
と話す卒院生の方も
います
ぎゅう～
今も忘れません
「畑」と「聖書」の二本立て
「畑」はお米以外は
自給自足ということ
「聖書」は
読んだり
祈ったり
今はお金が国から来るけれど
当時は何もない
何の得にも
ならないことを始めた
神様のプッシュがなかったら
できないことだと思います
戦災孤児が多かった
終戦後とは違い
今ここに来るのは
親がいる子が
ほとんど
七割が虐待などの
理由で保護され
心に深い傷と問題を
抱えそれぞれに
ケアが必要です
職員のうち三人は
臨床心理士です
小さい頃は
虐待を受けても
声にできず
それが中高生になって
施設に来てから
精神のバランスが崩れ
暴れたりということが
多くて
昨夜も暴れた子がいて
夜中に行って
対応しました
とにかく
寄り添って
何があっても
ずっと見捨てないと
知ってほしいです
虐待する親の方も
助けが
必要です
親の支援
相談も行っています
大変な仕事ですね～
親のせわまでして親より大変なのでは
でも子どもが好きで
この仕事が好きです
成長を見るのは
喜びで
やりがいが
ありますよ
自分も成長するし…

ぼくは「子どものために」働くのが神様から与えられた使命と思っています
福祉の仕事は「自分のため」とすると目的が乱れ仕事の質が悪くなるという印象があるので
「子どものため」ということを大切に考えたいと思っています
そのためにも神様の使命を共有できるクリスチャンの職員がもっと来てほしいですね
ヒメ時代に子どもが模写したゴーギャンの絵
今は子どもを育てられない親が増えていて乳児の施設が足りていません
県内で乳児が虐待死した事件も続いて…
それで乳児院を開設したいと思っています＊1
ぼくは戦災孤児を救うような気持ちでやっています
目の前で倒れているのを見過ごさないサマリア人のように
見すごせなくてね
私たちは事業をやろうなんて思ったことはなくて
ただ神様から譲り受けたわざとしてやってきただけで
子どもたち一人一人の名前をあげて祈っています
神様あなたは孤児の保護者ですよね なんとかしてくださいと
親に守られずに悲しくつらい思いをしたとき自分だったら神なんかいるかと思ってしまうだろう
こんなめにあうのは神は私のことを忘れている…とか
ちょっとうまくいかないと実際すぐこーなる私
でもお話を伺ううちに
神様がその子たちをどんなに大切に思っているか
そして
同仁学院の方々が神様の腕になって子どもたちの人生を抱きしめているように感じました
守るよ
味方だよ
愛してるよ
ここ

＊1 乳児院「さまりあ」を二〇一九年秋に開設予定。問い合わせは同仁学院「あいの実」まで

「同仁学院」卒院生

菅原徳行さん

神様が親

過労だった
その後
統合失調症を
発症
それからの二十年は
病気との格闘
心の中にわいてくる
「強い思い込み」に
振り回されて
行動し
入退院を繰り返した
……こうしなくちゃ
とくさん も…それは
ちがう
人との関係の中では
無意識に「理想の父と母」を
求めては「親探し」するも
かなわず
親を知らず
精神障がいを抱え…
自分はマイナスの多い
人生だと思った
育った施設では
いつも
神様の話を聞いていた
卒院後も
施設の隣に
建てられた
教会には通い
学院
教会
牧師と
毎週
面談をし
教えを受けた
仕事もできず
福祉の支援を
受けていたころ
大坂牧師が赴任
大坂牧師は
面談といっても
指導というよりは
好きな音楽や
サッカーの話に
花が咲き
とにかく安心できて
リラックスできて
佐野元春が
サッカーが
いいふんいき
ナイスなBGM
いごこちのいい空間
教会での面談は
全力で走って
倒れてしまった
ぼくが
再び歩いて行くための
心の杖《つえ》になっていた
教会
やがて病気は
少しずつ
安定した
「強い
思い込み」が
わいてきても
その思いには
従わなくても
よくなった
「強い思いこみ」
現実や聖書の教えは…？
冷静に考える
大切なことは？
自分で
やがて飲食チェーンで
障がい者枠雇用で
働くようになったので
毎週の面談は終了
職場でも
いろいろあったが
店舗が閉鎖で
無職となり
再び職探し
よい上司に恵まれ
しかし
もうやだ！
とちゅうとつぜん
「北海道」逃亡したことも
どこいった～
必死で祈る大坂先生

＊1 全収入のうち十分の一を神（教会）に返す（ささげる）こと

＊2 ヨハネの福音書9：3参照

「日本アッセンブリーズ・オブ・ゴッド教団
ベテルキリスト教会」

大坂太郎さん

共に歩く教会

ベテルキリスト教会は児童養護施設「あいの実」同仁学院のすぐ隣
教会でおはなしうかがう〜
あいの実
学院の講堂で礼拝をもち始めたのが教会の始まり
初代杉山牧師
職員や子どもたち
やがて学院の隣に会堂を建て
地域の方も集うようになった
四代めの大坂牧師＊1
このオフィスで話をしてきた方々が何人もいますがリラックスできるよう心がけています
「あいの実」の生徒や卒院性も来ますとっくん（菅原さん）もその一人
固い本に囲まれ緊張する中で牧師が上から
「聖書はこうだからこうしなさい」
と指示されるだけでは萎縮してしまいますから
すみません
できません つらい〜
温度の調節された暖かい部屋心地よい音楽
リラックスできてゆっくり自分の話を聴いてもらえる所
ここはそんな場所ですね〜
そういう場があるだけでいろいろな問題は解決すると思います
相手へのリスペクト正しい肯定感を牧会の中で大切にしています

＊1 大坂牧師は現在、日本アッセンブリーズ・オブ・ゴッド教団山手町教会牧師（二〇一九年現在）

でも菅原さんは大人になってからは妹をいろいろ助けて「いい兄貴じゃん」とななみは思った
施設で育った子の中で
実の兄弟姉妹を
家族の一員だと
受け入れるのが
難しいケースがあります
小学校三年生くらいまで
一人っ子だと思っていた
でも妹がいると知った
小学校五年くらいから
一緒の施設になったけど
かわいそうなことに
「おまえは
ぼくの妹じゃない」
と言ってた
妹と思えなかった
仲よくね！
と
とっくん
ここで数名の子どもたちの
学習ボランティアを
しましたが
その一人のA君も
妹とは不仲
いろいろな意味で
うまく統合できない
家族の再統合は
ほんとに難しい
祈りの課題です
キリスト教福祉は
確かにすばらしい
でも
「善を行うこと」が
福音に基礎づけ
されていないと
塩けや光が
失われてしまう
神さまの家族になってはじめてわかることがある…
福祉
基礎
だからといって
「善を行うこと」を
福音を語るための
「まき餌《え》」にするのは
間違い
イエス様も
九人が後にどこへいこうと
十人癒やしたわけですから
（ルカの福音書17・11～19参照）
私たちも
癒やしてやるから
福音を信じろ
良くしてやるから信じろと
いうのは
おかしいですよね
よかったね
あれ
のこり9人は
ありがとうございます
子どもたちと歩む中で
響いてきた
みことばがあります
「あなたがたは……
子とする御霊《みたま》を受けたのです。
この御霊によって、私たちは
『アバ、父』と叫びます」
（ローマ人への手紙8・15）
ある英語の翻訳では
"spirit of adoption"
つまり「養子の霊」
イエスを信じるとき
人は神の養子になる
養子の相続権は実子と同じ
つまりイエス様と同じ
復活のいのちの祝福を
私たちも頂ける
これはすごいことですよ
人の「親代わり」は
尊いですが
最後はやっぱり神様
神はお父さん
イエスはお兄さん
私たちは兄弟姉妹
この神の家族の喜びを
ぜひ知ってほしいと思っています
いのち
実子
祝福
養子
養子

ベテルキリスト教会は「あいの実」との関わりの中でそういった場所でありたいです
施設にできること 教会にできることを連動させてもっともっとすばらしい神様のわざを見たいと願っています
実はそういうぼくもベテルに来て変えられた一人です
ギリシャ語を必死に勉強し 専任の神学校教師になって頑張ろうと思っていた時に転勤を命じられたわけですから
どうしても納得がいかず卑屈になって…
あんなに勉強したのに
自分の能力は開花しないままか
せんせー
もやもや…
そんなときに始めた学習ボランティア
M君は高校一年生なんだけど三単現がわからない
第一「人称」の概念がない
三人称?!‥?
人称?‥?‥
どう説明するか…
そうだ!
いいか 教会では神様が一番
でも 文法は罪深く自己中心だから
俺が一番 君が二番
それ以外はそう神様だって三番め…
その時は「s」
あんた教えるのうまいな
え
帰り道
涙が出た…
本当に大事なことは
どこであったって
神が与えてくれたものを用いることだった
神学校で開花とかじゃない
Mくん 今は大学出て社会人
みなみは
ここに来る学生たちのことを話される大坂先生や
菅原さんと先生とのやりとりを見ていて
何年も とても大切に丁寧に信頼関係を築いてこられたと感じました
牧師もいろいろ…
大坂先生は放牧タイプだから
つな長くして…
菅原兄弟は気にしてくださるから
菅原さんのことをぼくは心から尊敬しているんです
教える側 教えられる側ではなく
ぼくたちは一緒に歩いて来た ただそれだけです
さまざまな事情で傷つけられた尊厳の回復を心から願い
自ら一緒に歩いていくことを通し実践しておられる…
その姿に 一緒に歩くイエス様を見たなみでした

社会福祉法人

「牧ノ原やまばと学園」

長沢道子さん

ありのまま生きる①

〒 421-0412 静岡県牧之原市坂部 2151-2
社会福祉法人 牧ノ原やまばと学園
ホームページ http://yamabatogakuen.jp

やまばと学園の歩み——
昭和の初め まだ障がい者への 理解が乏しかった頃 子どもだった 長沢巌さんは 知的障がいの姉と 手をつないで 毎週 教会に 通っていた
姉のみぎはさん
一つ年上だったが 体は小さかった
一九五八年 静岡県榛原《はいばら》教会の 牧師となる
カナダ合同教会からの メイ・マクラクラン宣教師は 農繁期に託児所を設置するなど 地域に仕え 長沢さんは 彼女から多くを学んだ
長沢さんは 地域に住む 障がい者の 家族会の 会長に選ばれ 障がい者を 抱えた家族から 相談や悩みを よく聞いていた
榛原手をつなぐ親の会
教会として 苦しみを 担えないだろうか 教会の使命は 地域に仕えることでは ないだろうか
教会として 重度知的障がい児の 施設建設に 取り組んだ
行政に相談に行ったが
資金もないのに できるわけが ない
ははは
彼は 夢見る 男 だな
と思われていた
しかし キリスト教雑誌に 学園建設のための募金を 呼びかける記事が載り 資金が与えられ
一九七〇年 知的障がいの 子どもたちが 住む施設 「やまばと学園」開園
他の施設で 受け入れ られなかった 重い障がいの 子どもたちを 引き受けた
その後知的障がいの 大人たちが 住む 成人寮も 開設
障がいを もった 人たちが 幸せに暮らせるように できる限り良い環境を 整えた

女性職員が増えたので
女性のリーダーが
必要だ…
誰かいないかな
そうだな
カナダに戻った
マクラクラン宣教師から
「この人がいい!」と
勧められたのは
恵泉女学園で
教員をしていた
栗原道子さんだった
前にカナダで会った女性で
この人なら…
道子さん
「やまばと」で
働きませんか
ぜひ!
えー? すぐに
決められない
一九七三年
東京まで
お願いに
来た
実は二人は一度
お見合いで会っていた
三年前
やまばとやまばと
やまばとやまばと
当時 巌さんは
「やまばと開設」のことしか
頭になく
話は流れたが
道子さんは
「やまばと」の働きに
感銘を受け
献金をしていた
教員の生活は
楽しいけれど
神様は
大変なことのほう…
施設で働くことを
望んでいらっしゃるの?
せんせー
毎年 長期休みを
利用して実習に行き、
三年後
「やまばとへ行こう」
と決めたが
退職予定者が辞めなくなり
道が閉ざされた
神様のみこころは
「外から支援すること」
かも…
と思い始めたとき
巌さんからの
プロポーズ
一九七七年に結婚
みぎはさん
と同時に
数名の障がい者たちと
共に生活する
「やまばとホーム」
を始めた
巌さんは 以前
ジャン・バニエ*1が始めた
障がい者の暮らす家
ラルシュ・ホームを見学
すばらしい
いつか このような
ホームを作りたい
と思っていて
結婚を機に
ホームを始めた
巌さんの働きを
助けたい
生活の介助をしたり
真夜中に起こされて
失禁の処理をしたり
道子さんは 体力的には
大変だったが
ありのままでいる
彼らとの生活で
自分も
ありのままでいることが
自然となった

*1フランス系カナダ人のカトリックの思想家。知的ハンディをもつ人々ともたない人々の共同体であるラルシュの創設者

参考文献＝『シリーズ福祉に生きる58 長沢巌』長沢道子著（大空社）

社会福祉法人

「牧ノ原やまばと学園」

長沢道子さん

ありのまま生きる②

社会福祉法人 牧ノ原やまばと学園の 三十以上ある 事業所のうち 五つを訪問
理事長の長沢道子さんに案内していただいた
ワークセンター カサブランカ
リサイクルセンターで
さまざまな 障がいをもつ方々が 仕分け作業を 行っている
これが 一日の利用者さんの流れ 実労四時間
カサブランカ一日の…
朝礼
作業
休憩
作業
10:45~11:00
11:00~
少しずつ 慣れていって 自信もつけて 一般企業に障がい者雇用された 方もいます
施設長 押尾さん
現場は楽しいです 事務の仕事をしたり 現場にも入ります
静岡県島田市立の 養護老人ホーム ぎんもくせい
市からの指定 管理で施設の 運営をやまばとが 行っています
施設長 片山さん
ロビーで 絵を描いておられる ご利用者さん
昔の記憶でね 故郷の絵を 描いています
Sketch
年月がたち 世間の 福祉の考え方は 変わりましたが ご利用者の幸せをいちばんに 願うことは変わりません ここで暮らして よかったと 思っていただければ うれしいです
ワークセンター なのはな
タオルを たたむ作業など
自閉症の方が 受け入れやすいやり方で 絵を使ったり コミュニケーションの 工夫をしています
施設長 河本さん
ここに来て 初めは 誰とも 話をしなかった 利用者さんたちが だんだん 仲間同士で 楽しむことも 増えてきました
成長 しましたね

障がい者支援施設
垂《たり》穂《ほ》寮
身の回りのお世話を職員が二十四時間交代でしていますが
施設長　大畑さん
新しい職員には慣れるまで警戒心もあり
近寄ると嫌がられたり
食事を介助しようとしても拒否されたり…
プイ
でもなじみの信頼している職員が来ると普通に食べる
ぱく
ぱく
え〜 それはつらい〜
心折れる〜
そうつらいですよ
自分が悪いからと思って仕事を辞めてしまう人もいるんですが
そこを乗り越えてやっと一人前
時には年単位で受け入れてもらえるのを待つことも
受け入れてもらった時はうれしいですね
手をつないでくれるようになったり
笑顔を見せてくれた時は天使のように思えて愛おしいですね
特別養護老人ホーム
聖ルカホーム
ご利用者の皆さんは週に四回ここに集って牧師さんたちから聖書のお話を聞きます
居住フロア
施設長　大石さん
一階には茶室もありますが 重症のご利用者が多いこともあり ほとんど使われていません
ユニット型という少人数の家族的な雰囲気で生活し
毎日そこで職員が炊いたご飯とお味噌汁をお出ししています
ほかほか
いいにおいね
ご病気になられても病院へ行くよりこのホームで過ごしたいと言われる方が多いです
最後は他のご利用者や職員でお別れの時を過ごします
信頼できる人のそばで安心していたいですもんね
ご利用者さん一人一人を尊重していること…
障がいのある方もそれぞれの段階でできることや生きがいを育み喜びある人生を送るよう支援していること…を
それぞれ どの施設でも感じました
いろいろ
うかがったけど
1/100くらいしか描けず…
すみません…

社会福祉法人として
国の方針を
牧ノ原やまばと学園も
取り入れる必要があります
その一つが
「キャリアアップ制度」
この仕組みを作ると 職員の
処遇改善のための収入が
増えます
理事長 長沢道子さん
一年め 三年めなど 勤務年数
によってどんな働きが求められるかを
明確にし この人はこれだけの
仕事ができたから
この等級（報酬）に
進む と定めるもの
つまり「職員としての
能力を高め
階段をのぼっていきなさい」
という仕組みです
Step
up
職員としてどんな働きを
したらよいか明白になるので
良い面もありますが
でも人間って
そうなったとき
誰が偉いか
ということに注意が向きやすい
上下の関係で上が下を
統率する形になると
人の関係は 冷たくなりがち
しかし私たちが働いている
目的は ご利用者に
生きがいや自信 喜びを
もたらすことです
単にお世話するだけでなく
ご利用者と心を通い合わせ
笑顔になってもらうことです
そのためには 仕事をこなす
だけでなく それ以上に
思いやりや愛の心が大切です
組織化していくと
理論的 合理的になり
時には 優しさや
思いやり
愛の心は 片隅に
追いやられがちです
だから私たちは
いつも忘れないでいたいと
思います
弱い人や困っている人
助けを必要としている
人々のために
私たちは働いており
ご利用者も 職員も
みんな 優しさや思いやり
愛の心を求めていることを
弱い人や
自信を失っている人が
心を開き
元気になるのは
その人のところまで
近づき
寄り添って
歩むときだということを
イエス様は
上に立つ者は
仕える者と
なりなさいと言われた
弱い人と
寄り添うために
階段を降りて…
イエス様はまさに
そうしてくださった
天
地
やまばとで お話をうかがって
ななみの
思ったこと
どんなに事業所が増え
仕組みが組織化
されようと
大事なことは
イエス様の教えに戻ること
そう思いました

ハンセン病療養所
「邑久光明園《おくこうみょうえん》」

疎外された人々のそばに①

〒 701-4593 岡山県瀬戸内市邑久町虫明 6253
ホームページ https://www.mhlw.go.jp/seisakunitsuite/bunya/kenkou_iryou/iryou/hansen/komyo/index.html

岡山駅から車で一時間
緑の中を長島へ
邑久《おく》長島大橋を渡ると
療養所が二つある
元々は
ハンセン病患者[1]を
収容した施設
今は回復した方々が
暮らしている
ハンセン病は
感染症で
末梢《まっしょう》神経が冒《おか》され
知覚麻痺《まひ》が起きる
重症だと
失明や手足や顔の
変形など後遺症が
残ることもあるが
感染力は極めて弱く
遺伝もしない
今は日本で新たに
発症する人は
ほぼいない
しかし　かつては…
資料をみる
わたくし
ハンセン病とは
知識もなく
らい病[1]?　恐ろしい
天罰だ
見つからないよう
離れに隠せ
家を出て
放浪するしかない
外国の神父や
伝道師が
治療院を作り
患者を助けたが
国は何もせず
「癩《らい》予防ニ関スル件」
放浪してる患者は
収容する法律!
1907 年（明治 40 年）
「癩予防法」制定
法律を強化!
家にいる患者も
強制的に
収容!
1931 年（昭和 6 年）
警察、衛生当局が
競って
患者を隔離
しらみつぶしに
患者を探し出せ
無癩県運動
病とわかると
小さな子どもも
親から離され
強制的に
収容された
患者の家や
通った道を
白い消毒液を
まいたり
シュ
強制隔離!
ハンセン病は
恐ろしい病気
という
誤解を人々に
植えつけた

＊1 ハンセン病はらい菌に感染することで発症する。現在ではらい菌を発見したノルウェーの医師、アルマウェル・ハンセンの名前を取ってハンセン病と呼ばれているが、以前は「癩」、「らい病」と呼ばれていた

この長島でも
船で渡って島[*2]に来たら
もう家には
戻れない
おかあちゃん…
おかあちゃんのこと
おもいだします。…なみだ
でてきます。小学四年
当時の作文
脱走できないよう
入所時に
お金は取り上げられ
園内通貨しか
使えなかった
金拾五銭
金五拾圓
拾銭
(1938～1954年)
療養所から
逃げようとしたり
規則を破ると
監禁室に
入れられた
トイレ
(1929～1951年)
農作業から
建築作業
重症の方の介護
亡くなった方の
火葬まで
患者が重労働も行った
「患者作業」
急坂をトロッコで
荷物はこび
患者は
子どもをもつことは
許されず
断種 中絶手術が
行われる
「優生保護法」で合法化
胎児等慰霊之碑
↑園内にある
1915年 断種始まる
1948年 優生保護法
特効薬プロミンができて
ハンセン病は
治る病気になる
欧米では
早期発見
外来治療に
変わっていく
プロミン 1.5g
プロミン 1.5g
プロミン
1943年
日本でも
プロミンの使用が
始まる
1948年
治る病気に
なったんだ！
家に帰りたい！
社会に
復帰したい！
法の改正を
求める！
自由を
人権
全国ハンセン病
療養所患者協議会
(全患協)結成される
1951年
しかし法の改正どころか
規則が固定 強化される
強制入所
就学禁止
外出制限
らい予防法
「らい予防法」制定
えー
1953年
「らい予防法」が
廃止されたのは
その四十三年後
長かった
やっと…
1996年
しかし多くの
入所者は
病気が治っても
故郷に戻れず
療養所で暮らし
最期を迎えている
家で 自分は
死んだことに
なってるし…
ということを
今回 長島に来て
知りました
いやもう 差別とか
人権侵害とか三ページで
描ける話ではないけれども

*2 邑久長島大橋がかかったのは一九八八年

邑久光明園の社会交流会館（資料展示室）を見学
入所者の方々の証言映像を見る
金地慶四郎さんの証言
キリスト教… 生きる道が 見つかるかもしれない
優しい人に 会えるかも しれない
療養所内の 教会に通った
目は見えないけれど
自分で聖書を読みたい 自分で賛美歌を 読んで覚えたい
当時 園内では 誰も点字を やっていなかったが
金地さん 点字やりませんか 教えますよ
えっ
職員の森さん
指先が 麻痺している 自分には できない……
と 諦めかけた
でも 聖書を読みたい…
もしかして 唇か 舌の先なら 読めるんじゃないか…
いや そんなの 不衛生だし 点字の本 なめている自分の姿 想像すると あまりにも みじめだ
それでも どうしても聖書が 読みたくて
毎日舌で読む練習をした 最初のうちは 唾液ですぐ点字が潰れて 読めなかった
そのうち 潰れる前に 読めるようになり
点字の聖書を 買ってもらった 時は うれしかった
点字 …… ヨハネの
こんなに大変な 状況の中にいても 神様のことばに 喜びを見いだされた 金地さん…
そして他にも 療養所の中で 見せていただいた 神様の足跡について
編
いろいろ 考えさせられた ハンセン病のお話は まだまだ続きます

舌から血がにじみ うっすらピンクの 点字本

ハンセン病療養所内

「日本キリスト教団光明園家族教会」

難波幸矢さん

〒701-4593 岡山県瀬戸内市邑久町虫明 6253

疎外された 人々のそばに②

幸矢さんの夫
難波紘一さんは学生の頃から
光明園家族教会で
時々交わりをもっていた
幸矢さんと
結婚した時
「嫁を紹介したい」
と渡し船で
連れてきた
当時は橋がなかった
教会の入り口は患者用と
そうでない人（壮健）用と二つあった
外から来た二人に気を遣って
教会の方が
壮健さんはあっちやで〜
と言ってくださったが
紘一さんたちは
ためらいなく
みんなと一緒に
入って 座った
そんな紘一さんが
進行性筋萎縮症を患い
障害者となり
その過程でいろいろと考え…
若くして天に召された後
一九九一年
幸矢さんは
光明園家族教会に
移籍し
こちらで仕えることに
決めたという
30kmの道のりを通う
みなさんとの
交わりの中で
ハンセン病について知り
自分でも学び
国が 社会が 教会が
何をしてきたか
してこなかったか
知った時…
こんなことが
あんなことが
隔離政策の
被害？
昔じゃなくて
今も続いて？
こんな人権侵害のことを
長い間…
キリスト教会が
傍観し
何もしてこなかった！
それは
謝罪するべきだ！
一九九七年十一月
日本キリスト教団として
謝罪声明を表明した
「らい予防法」のせいで
人権を奪われた
元患者らが
国に賠償を求めた
裁判（一九九九年）で
幸矢さんは
支える会代表となり
元患者の方々とともに
戦った
「『らい予防法』
違憲国家賠償裁判」
裁判で知り合い
親しくなった
全国原告団の副団長
宇佐美さん
検証のため
全国の療養所を
回るお手伝い
二〇〇九年
死んだら
園の納骨堂にだけは
入りたくない
じゃあ
難波家の
お墓に入る？
きびしい姑も
入ってるけど
いいっ？
おう
入れてくれ

文書でその意思を園の方にも渡しておいた
難波幸矢は宇佐美さんのお骨を引き受けることを同意しています。
お墓の件が落ち着いたらその後
弟は亡くなったらしい○○は倒産したらしいどうしているかな
親族やご近所さんのことをいろいろつぶやくようになった
墓参りにも来るなとも父の死後は縁を切るとも言われた
甥たちは私を知らないけれど甥の清毅と一目会いたい生まれたばかりの時ばばさま（祖母）がこっそり会わせてくれた
おまえのおいっ子だよ
内緒やで
いっそ清毅さんに手紙書いたら？「お墓の問題は解決しているので迷惑はかけませんみなさんのことがわかれば安心して旅立てます」と
幸矢さんは手紙を書いた宇佐美さんの記憶をたよりに番地も覚えてない名前の漢字も間違えていたが郵便屋さんが届けてくれて
そっと会いに来てください。
こちらですね…
はい
会いに来るって！連絡をもらったよ！
来やせんよどうせ来やせん
でも 清毅さんは本当に来られた
来たなあ来たなあ来たなあ
おじさん…
立ちつくす二人
清毅さんは親からは宇佐美さんのことを知らされていなかった
最近他の人を通して知ったばかりで会いに行くか迷っていたところに手紙が届き 決心がついた
ハンセン病隔離政策に立ち向かい、国家賠償請求裁判やハンセン病補償法の成立などに尽力した叔父を誇りに思っています。
おじさんお墓参りにも来てください先祖のお墓にどうぞ入ってください
家族との関係回復
二〇〇九年の奇跡…神様〜
宇佐美さんは二〇一八年四月に逝かれ 清毅さんは遺骨を持って帰られた
幸矢さんはハンセン病の語り部として島の案内を今も続けている
ここは
清毅さんからの手紙

疎外された人々のそばに③

ハンセン病療養所内「長島曙教会」

大嶋得雄さん、良兵さん

〒701-4501 岡山県瀬戸内市邑久町虫明 6539

ハンセン病療養所内の長島曙教会の大嶋得雄牧師と息子の良兵牧師にお話を伺った
得雄牧師は大手電機メーカーを辞め 献身 神学校を卒業し 日本伝道隊で奉仕をしていた
キリストの…
?
たいへん貧しい生活となり 母から以前の生活に戻るように訴えられた
つらい
貧しい
伝道隊を辞めて 大阪の保護施設で働き 妻は小学校の保健婦となり 家族六人で生活した
やれやれ よかった…
献身の思いは消えていなかったが 「二度は辞めたお前に牧師ができるか」と心の声がしてくじけていた
数年後 母を看取り 葬儀のために妻の実家に帰った時 三日間 早起きして 山の中で祈った
こんな弱い人間だけれど神様がもう一度私を牧師にと思ってくださるなら…
ギデオンのように確信を求めると 神様は私の指に七回もトンボを留まらせ 神様はそれに答えてくださった
私を呼んでくださる最初の教会に行きます
ほどなくして
まだ牧師をやる気はあるか 長島愛生園の曙教会の話があるけれど行ってみないか?
ハンセン病の? あれは恐ろしい病気だ…
保健婦をしていた妻が
あれはもう治る病気よ
ほけん
一度 療養所の教会に来てみた 彼らの賛美 祈りを聞いて 心を打たれ やろう!と決心した
主よ

曙教会の信徒と一緒に外部の集会に出た時に講師が
〇〇聖会
「らい病」を罪の象徴のように話した
らい病は罪の結果です
らい病は罪のたとえで…
汚れたことをするとらい病になるぞ
集会後
先生 確かに私たちはみんな罪人だけれども私たちだけが特別に悪いことをしたからこの病気になったのですか?
これはいけない
その時の講師に抗議をして謝罪してもらったがその考え方は他でもよく聞かれた
この教会でやっていくならこの問題に取り組まなければならない！
それから聖書とたくさんの書物で聖書の「らい」と訳されているところを調べ始めた
留学して原語から学んだ
その学びの膨大な量
原語の「ツァラアト」は
患部の毛が白くなったり患部の皮膚が深く見えるとあり布皮壁などにも現れると書いてある
一方ハンセン病は白くはならない病気が進むと感覚が麻痺《まひ》して熱湯をかけても熱くない釘《くぎ》を踏んでも痛くないなどの特徴があるが聖書にはそんなことは書かれてない
聖書の「ツァラアト」を「らい病」と訳しハンセン病と同じとすることは間違っている
それから得雄先生は牧会をしながら生涯をかけて聖書の「らい」が誤った表記でありなくすよう訴えてきた
聖書をはじめあらゆる注解書、解説書などの著者、出版社に手紙を送り適切な判断を今も求め続けている*1

*1 新改訳第三版（二〇〇三年発行）、新改訳2017（二〇一七年発行）は「ツァラアト」と表記している

現在は 息子の良兵牧師が
得雄牧師と共に
牧会している
良兵牧師は
中学の頃から
愛生園に通い
曙教会で豊かな
交わりを経験していた
大嶋家のこどもたち
教会での仕事を
引き継いでほしい
という両親の願いは
知っていたが
社会人になると
愛生園や曙教会とは
離れたところで
十数年を過ごした
しかし 母が
弱ってきたため
父の仕事を
支えたいと思って
曙教会へ戻ってきた
再び 曙教会での
豊かな交わりの日々が
始まった
現在の礼拝出席人数は
十人にも満たない
高齢化が進み
教会員の数は年々
減っていく
いずれなくなっていく
教会だけれども
私たちのうち
誰が最後の一人に
なってもここで
礼拝を守れる
ようにしてね
とある信徒さん
に言われた
教会員のみなさんの
体調を考えて
説教の時間は
短くすることに
決めました
教える
というよりも
教わろう
と思っています
神の約束に
待ち望んでいる
最後の一人の方まで
ここで礼拝を
守れるよう
この愛生園で奉仕していこうと
思っています
隔離や差別など
大変な中にいた
この愛生園の人々を
神様は
愛されている
得雄牧師 良兵牧師が
そのために
この地に
召されたのだと
よくわかったななみだった

ひきこもり就労支援

「K2 インターナショナル」

金森克雄さん

坂本牧裕さん、福島恭子さん

一人一人が特別扱い

〒 235-0005 神奈川県横浜市磯子区東町 9-9　K2 本部ビル 3F
TEL/ 045-750-0039（K2 総合相談電話平日 11:00 ～ 18:00）
ホームページ https://k2-inter.com

K2インターナショナルグループ（以下K2）は
不登校やひきこもり発達課題など生きづらさを抱えた若者たちの自立就労を支援している…ということで
横浜の本部でお話を伺った
K2
編集さん
飲食店事業
おこのみやき屋
食堂
パン屋
若者就労支援事業
若者自立支援
寮
留学事業
ニュージーランド
オークランド
韓国
ソウル
オーストラリア
シドニー
子育て支援
障がい福祉サービス
すごい多角経営ですねこういう福祉事業を計画されて…？
いや違うっ福祉やろうなんて思ってなくて…
主の導き… と言うと恥ずかしいので
なりゆきだよ！
←ハードボイルドないでたち
K2 インターナショナルグループ代表
金森 克雄氏
K2の始まりはバブルの頃*1ある会社のCSR*2として金森氏が引率し不登校 ひきこもりの中高生らとヨットで大航海
太平洋の島々を回り無人島のようなところでサバイバル生活もした
何年も部屋から出ずに笑った顔なんて見たこともなかった息子がこんなに楽しそうに…
日本に着いた時は別人のように元気になった子どもたちの姿に親が大喜び
たのしかったー
会社はその事業から手を引いたが金森氏は独立してこれを続けた
続けてくださいお願いします
おやたち
とにかくみんなで楽しいことしたい！それだけだよ
当時は子どもが元気になるためなら親も本気で応援したしね
みんなの笑い顔忘れられなくて

＊1 株式会社テクノランド教育部門インターナショナルコロンブスアカデミー
＊2 Corrorate Social Responsibility の略＝企業の社会的責任

でも船から降りて家に帰るとまた元に戻ってしまう
だったら家に帰らずにみんなで一緒に住んで働いたらいいじゃないか
それでお好み焼き屋をスタートさせそこに住みながらみんなで学んだり働いたりしながら時々ヨット航海の引率もした
ころんぶす
なんでお好み焼き屋?
近所にうまいお好み焼き屋があらへんねん
関西人
でも横浜だと嫌になるとすぐ家に帰れてまた元に戻ってしまう
じゃあ海外で共同生活したら…
ということでニュージーランドに寮を作った
当時十四歳で不登校学校に行ってないから地元の誰にも会いたくないとひきこもりだった坂本さんここで面接して大航海に行き
動かないため100キロあった
ジュー
そのままニュージーランドの寮で共同生活をするうちに
現地の高校に行きたい
地元じゃないから外に出るのも気楽
そのまま大学に進学
彼をはじめとして現地校に進学する青年らが続出
特に勧められたわけでもないが金森代表が行くので現地の日本人教会について行くうちに信仰をもつようになり友人の死を通して自分の人生を神にささげる決心をし神学校へ
求めよさらば与えられん
実は・礼拝あとの日本食がめあてだった
現在はK2グループ内の教会ジャパニーズゴスペルチャーチ「JGC」の主任牧師です
すっかりやせた
彼はお金に強いのでK2事業の会計もしているし病院の付き添いやら送り迎え何でも屋ですよ
福島さん
とにかくたのしそうなお二人
福島さんは元は保育士さんボランティアでK2に来た
ぼくは特別視はしないけど特別扱いはするよだってその子の必要は他の子と違うじゃない
保育園は全員一律の保育が当たり前でもそれが納得できないときもあり金森氏のことばがスーッと心に入った

スタッフとして
メンバーたちに
「生活指導」することに
なったが
同じ年くらいで
「指導」って…
私はどんな立場で
ごはんは
たべて…
そうだみんなと
一緒に
暮らせばいいんだ！
共同生活が
自分に
合っていると思った
今は結婚し
自分の子ども三人と
八人のメンバーと
一つの家で
共同生活をしながら
助けたり
助けられたり
子どもを一人で
育てるのって大変
K2だから
やってこられたのかも
共同生活寮ハマコロ
私たちはメンバーの
いいとこ探しをします
Aさんは
こだわりも強く
一般の職場では
疎んじられ
辞めた経験もある
でもK2では
愛されキャラです
早おき
ゴミ出しが
とくい
ありがとー
GOMI
K2の生活は
「不機嫌保証」が
あります
いつも無理して
ニコニコしてなくても
時には
不機嫌のままいてもいい
そのままで
受け入れられる場所です
家にかいてある
FarmersHOUSE K2
不機嫌保証
私ははじめ
神様を信じては
いなかったのですが
K2全体が
教会みたいで
一緒にいると神様について
考えることが
増えていて…
クリスチャンになりました
現在は百人近いK2メンバーが
一軒家や一つのアパートの
別室など
近所で暮らし
朝は全員七時半に
集まります
平日は
にこまる食堂で
みんなで一緒に食事
ひきこもりで
昼夜逆転していた
人たちも
この共同生活で
リズムが整っていきます
ここで共同生活をしながら
地元の学校に
通い始める子もいれば
部屋で通信制の学びで
卒業資格を取る子もいる
K2の就労支援の
場で働いたり
外に働きに出る人たち
自分でアパートを借りて
自立して行く人たち
そばでそういう人たちを
見ていることも大事です

見学させていただいたK2グループの事業のほんの一部
本部屋上の「ミツバチファーム」
「250《にこまる》ソーシャルファーム」と「ファーマーズハウス」
お好み焼き「ころんぶす根岸店」
コッペパンのお店「パン屋のオヤジ」
インスタ映え！のおいしいパン
「250 にこまる食堂」
250 にこまる食堂
障がい者の就労移行支援「Hata Labo」
Hata Labo
この日はパン屋で売るお菓子やコロッケを作っていた
届けるところ
「LiveBox M6」「JGC」
メンバーの活動発表の場
カラオケ大会
ライブ　講演・研修
ぽにょ＋ぷらす
放課後の子どもたちが集まる「ぽにょ＋《プラス》」
「棕櫚《しゅろ》チャペル」
テンション低くてもオッケー
発表会は良い経験になる

その人 その子に何がいいかって考えてたらそうなっただけ
このメンバーだったら蜂の専門家になれそう と思って養蜂始めたり
シドニーでたこ焼きで一旗揚げたいってメンバーがいたからたこ焼き屋やって
どうやったらもっとお客様に喜んでもらえるかみんなで相談するのが楽しいからやってお好み焼きの売上も伸びて支店もできたけど
お金もうけするためにやってるわけじゃないんだ
どんなに生産性を上げても嫌な職場で早く帰りたいと思われるより
ニコニコ働いてここにいるのが楽しいと思ってほしいし
ピュー
もし一人が店からいなくなっちゃったら店を閉めてもぼくは捜しに行く
店長にもそうしろと言ってる
おーい
OKon
close
それは一匹がいなくなったら九十九匹を置いて捜しに行くイエス様の…
そう ぼくの話は聖書のパクリばっかりやネタバレもはなはだしい
K2に来てもまた家に帰ってひきこもりに戻る人も仕事が続かない人もいる
人には人を変えられない ぼくにも変えられない
ぼくたちができるのはハッピーな時間を共有するだけ
変わった人は彼ら自身で変わっただけ
対人支援にハッピーエンドはないんだ
全部の責任は神様 主が働かれるのをぼくたちは待つだけ
またヨットで大航海したいよねえ〜
たのしいことだけやりてぇなー
以上 K2からお送りしました
うかがったお話の1/100くらいしかかけず 残念。。

ななみのひとこと感想

▼べてるの家・向谷地生良さん

問題だらけの弟子たちを選んだイエス様との旅は問題があって、それで順調、という話。今でも何度も思い出す。うまくいかないとき、問題だらけと思うとき、思い出すと安心する。

漫画の中で、向谷地さんに質問したときのことを描いた。私は「問題」を「起こす」ほうをなんとか「指導」して「問題」をなくそうと必死だった。私には到底解決できない問題。その問題をずっと抱えて生きている彼女を尊敬する、という発想が自分にはなかった。そのことに、この取材の日に気がついた。

「指導」？ なんておこがましいことを私は考えていたのだろう。自分の問題だって山積みのままで、それでもイエス様は一緒にいてくれているのに。

今は、時々、ただその方と一緒にワンコの散歩をする。花が咲いたとか散ったとか、たわいもない話をして近所を歩くだけだ。彼女に会うと、うちのワンコは嬉しそうにしっぽを振って走って行く。それを見ると私も嬉しい。

▼べてぶくろ・向谷地宣明さん

幻聴を印籠で撃退した人の話も、数学ガールの話もとてもクリエイティブで面白かった。こんなふうに問題を自分で解決する工夫を話し合えるのってすてきだと思った。

三年後、双極性障害を患う友達が「べてぶくろ」に行きたいというので、彼女を案内がてら、もう一度訪問した。その日も温かく迎えてもらい、それぞれの葛藤をそれぞれが話してくれた。それを聴きながら、自分なりに気づきもあったり。話せる場所があるのはいいよね。

ところで、『数学ガール』という漫画を私は持っていた。原作は、数学の入門書やプログラミング言語などの本を多数執筆している結城浩さんというクリスチャンの作家さん。漫画は絵がかわいくて買ったのだが数式はちんぷんかんぷん。この本はうちにあるよりも、数学ガールさんに持っていてもらおう、と彼女に送った。漫画の中に「数式の中にワルツが見える」というシーンがあって、私にはなんのことやら？ だったのが、彼女は漫画を読んで「ワルツが見えました」とおっしゃっていた。

そのくだりを結城浩さん宛てにツイートしたら「ワルツが見えるという人は多いですよ」と返信がきた。数学脳の人たちの後日談でした。

▼在日外国人・村上フェルナンドさん

連載時、掲載誌をお礼のお菓子と一緒に村上家に届けたら、そのお礼にと家に招いてくださって、ペルー料理店で買ってきた鳥の丸焼きとペルーの飲み物、インカコーラ（真っ黄色のコーラ）をご馳走になりました。なんて楽しい、なんてありがたい。何年も一緒に礼拝していても、ろくに挨拶もしなかったんだよな……なんてもったいないことをしていたのだろう。

その後、スペイン語の勉強をしよう！ と教材を買ったが、なかなか進まない。でも、ペルー出身の方々に教会で会うときは、お祈りの課題を聞いて、祈ることは続けている。前よりも少しだけ近くなれた気がしている。

▼つなぎてホームサポート・横田栄さん

横田さんご夫妻。実は二十年近く前に、一年くらい近所に住んでおられて、一緒に礼拝したり、おうちに遊びに行ったこともあった。その頃聖書学校に行く準備をしつつ、工場に勤めていた栄さん。いつもニコニコ穏やかな笑顔の栄さんだけど、ツナギ姿を見て働く男のたくましさを感じ、かっこいいなあ〜と思った私。そしたら今も作業着で毎日汗流して働いておられ、ニコニコ笑顔はそのままで、たくましさ三十倍になっていました。便利屋さんに依頼して、栄さんが来てくれたら頼んだ人は安心するだろうなあ。

漫画に描かなかったけれど、おうちの片付けの話が結構ツボで……。「ゴミ屋敷の掃除とかするんですか？」と聞いたら「ゴミとか言っちゃいけないんですよ。その人にとっては大事なものかもしれない。だからそのモノに対する思い出を聞いて、『大事なんですね』って話して、でもこのまま置いておけないですからね……と片づけていくんです」と。「ある時はペットボトルの蓋がたくさんあって……」と言われた時に、うちに何千？ と溜まっているペットボトルの蓋のことが脳裏をよぎった。友達に「これ捨てないの？」って聞かれ「まだとっておくから」と答えた私だった……（汗）。

▼つなぎてホームサポート・ちょこっと応援隊

栄さんの奥様のヘーゼルさん、この日のおもてなし料理。本当においしい日本食でした。盛り付けも美しかった。ごちそうさまでした。

牧師のために祈るって……してなかったな~。所属教会の牧師が数年前、心折れ、「もう牧師辞めようか、とりあえずしばらく休む」ってことになり、数か月休んでいたのだが、それまで牧師のために祈ったか、と言われると、ろくに祈っていないかったなあと。つなぎての女性たちのお話を聞いていてとても反省。祈るのだ。

▼同仁学院・関根美智子さん、歩さん

子どもたちにとっては、家庭以外で、安心して受け止めてもらえる場所がどれほど大切か。そしてまた、DVや虐待に悩む親たちの相談、サポートも行っている、社会福祉法人同仁学院。そのしっかりとした運営の根底に、神様の愛があると思った。

神様にこの働きのために召され、使命をもって携わっておられる美智子さん、歩さんはじめとするスタッフの方々。子どもたちを受け止め、親御さんたちを支える愛。神様は、子どもたちを、親たちを助けたいと思っているので、この方々を立てたのだと。

▼菅原徳行さん

徳さんは、朝起きて、お仕事に行く。お休みの日には、片付けをしたりサッカー観戦をしたり。そんな日常の中に神様の恵みを感じているという、「TOKUさん通信」という短いニュースレターを月に一度発行している。私にも郵送してくださっているので、それを読むたびに、私の自分の当たり前の日常も神様の恵みと思うのだった。

▼ベテルキリスト教会・大坂太郎さん

その後、北海道、苫小牧の山手町教会という五十年の歴史ある教会に転勤され、お元気そうです。今も主が招かれたところで、地道に神と人とに仕えておられるご様子。「ななさんぽ」の大坂先生の似顔絵をアイコンに使ってくださっているフェイスブックをのぞいてみて、近況がわかりました。

▼牧ノ原やまばと学園・長沢道子さん

障がいを抱える方々の多くの施設長をされている道子さん。でもとても気さくで、楽しい方。おしゃべりしているとあっという間に時間が過ぎた。道子さんの人生、これまでと現在の福祉のあり方の変貌、本当にいろいろ伺った。また、一つ一つの施設、事業所の職員さんのお話も心に残った。人それぞれにあった成長とは何か。福祉とは何か。国に報告するために、使ったオムツの数まで全部数えて報告し、透明な経営をしていくことも業務の一つだったり。リハビリのための設備が利用されていない残念な現実があったり。いろいろ。

道子さんと過ごしたのはたった一日だけでした。が、その後、私の考えがじわじわと、やがてすっかりひっくり返されるきっかけになった気がする。

イエス様は地上にいるときは、病を抱える人たちに心を痛め、たくさんの人を癒やされた。けれども、全員ではなかった。障がいや病を抱えて体の弱さの中で精いっぱい生きている方々は今もいて。その方々の尊厳を考えた。どれだけ人の役に立てるか、どれだけ仕事ができて、どれだけお金が稼げるか、そういう世間の基準で自分を計っては落ち込んでいた私の価値観が、神様の視点とは全然違う、ということを改めて教えられた。

▼ハンセン病療養所

ハンセン病療養所のあった長島。車で回ればすぐ一周りできる島で、今は住む人も少なくとても静か。かつてはここで病のために隔離された多くの人が生活していた。学校もあり、お店もあり、畑もあり、お寺も教会もあり、ここで結婚して、ここで暮らし、ここで葬式もして、一生を終えた。とても不思議な感じ。

その歴史を知れば知るほど、偏見とか、無知とか、国家による人権侵害とかいろいろあるのだが、今は治る病気として、隔離されることもなく新たに病気になる人もほぼいなくなった。歴史の傷跡はこの島に、今も残っている。

けれど、そんなに大変な中にあっても、聖書のことばが人々に希望と力を与えていたこと。なんとしてでも聖書を読みたいと舌で点字を読むよう頑張った方の記録。神様がこの島にもおられた記録だ。

二〇一九年六月、熊本地裁がハンセン病元患者への国の賠償責任を認めた。そのために長い間戦ってこられら方々にとっては忘れられない日となったと思う。翌月七月二十四日ハンセン病元患者家族訴訟の原告の方々が安倍総理と面会。安倍総理が政府を代表して深くおわびをする、と直接謝罪した。国が犯した人権侵害の誤りを認めて、謝罪する時が来るとは……、本当に本当に良かったです。

▼難波幸矢さん

初めての出会いが納骨式だった。難波さんご自身はハンセン病にかかったことはないけれども、元患者であった方々の人権回復のために、人生かけて一緒に戦ってこられた方。訴訟のためにも尽力された。今もボランティアで島の案内をされているそうだ。私たちにも、ご自分で作ったハンセン病にまつわる歴史をまとめたプリントを何枚も下さったり。難波さんのご説明を聞かなければ、気づかなかった多くのことがあった。難波さんじゃなくちゃダメだったんだろうな、と。この時にこの場所に難波さんを置いてくださった神様の愛とご計画をしみじみと感じた。

▼大嶋得雄さん、良兵さん

大嶋先生の指にトンボが何度も留まったのは、神様が大嶋先生にわかるようにみこころを示してくださった大切な出来事だったのだが、私はラフ段階で、そこを省略して描いて先生にチェックをお願いしてしまった。そして「トンボが留まったことをちゃんと描いてください」と修正依頼が入った。大嶋先生にとっては、ここで牧師をすることは神様の明確な召しだったから、省いてはいけなかったのだと反省。

「この時にこの場所に置いてくださった神様の愛とご計画」は大嶋先生親子にも感じた。神様が愛しているこの島で暮らしていた人たちを愛し、そのために、神様は分業制?で、大嶋先生親子を立てられた気がした。牧会はもちろん、聖書の「らい表記」のために人生をかけて訂正を訴え続けてこられた大嶋先生。そして順番に天に召されたら、最後は誰もいなくなるとわかっている教会に最後まで一緒にいることを選んだ息子先生。このお二人がいたことが、どれほど多くの方の支えや慰めになっていることか。

神様は分業して指名される。そういえば旧約聖書でも所々で、分業と任命が記録に残されている。神様は愛とあわれみの大きな計画の人事部長。転勤は時には、離島の支社もある。神様の辞令に忠実に従われた大嶋先生お二人のお働きの向こうに、神様の大きな愛を感じた。

▼K2インターナショナル

多角経営、すごくいろんなことをやっているようでいて、根っこはとてもシンプルで、目の前の人の笑顔のためにやってきたK2。だけあって、この日お話を伺って、いっぱい笑顔を見た。世間では8050問題とか、長引く引きこもりが増えている社会の問題を取り上げている。引きこもりだったり、不登校だったりする知人は私の周りにもけっこういて、それぞれの親御さんが悩んだり、心配しておられるのを見ていると、K2の取り組みはとても大切で、希望を与えてくれる。

コッペパンはどれもかわいくて、おいしくて、また食べに行きたい。

いいなあ、と思ったことはいっぱいあった。若者や親子たちが作業する場所としてのK2ファームで取れた野菜を、就労場所である飲食店で使い、またそこで出た食品ごみなどをファームで堆肥として使っていたり。震災後、定期的に東北の食材を仕入れてお弁当を作って売り、今も東北の応援につながっていたり。K2が出版している記念誌もおしゃれでポップ。デザインがいい。楽しい。

そして金森さんはとっても面白い方だった。そばにいたら、どうしても笑顔になっちゃうと思う。楽しくて。学校や家では、なかなか笑う機会がなかった青年たちでも、K2で過ごすうちに、楽しくなって、面白くなって、笑顔になっていくんだろうな〜。

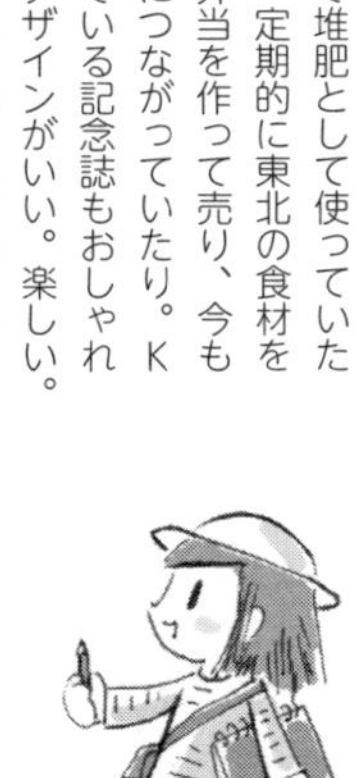

付録2

東京さんぽ

東京の街に眠るキリスト教 前編

歴史の復習

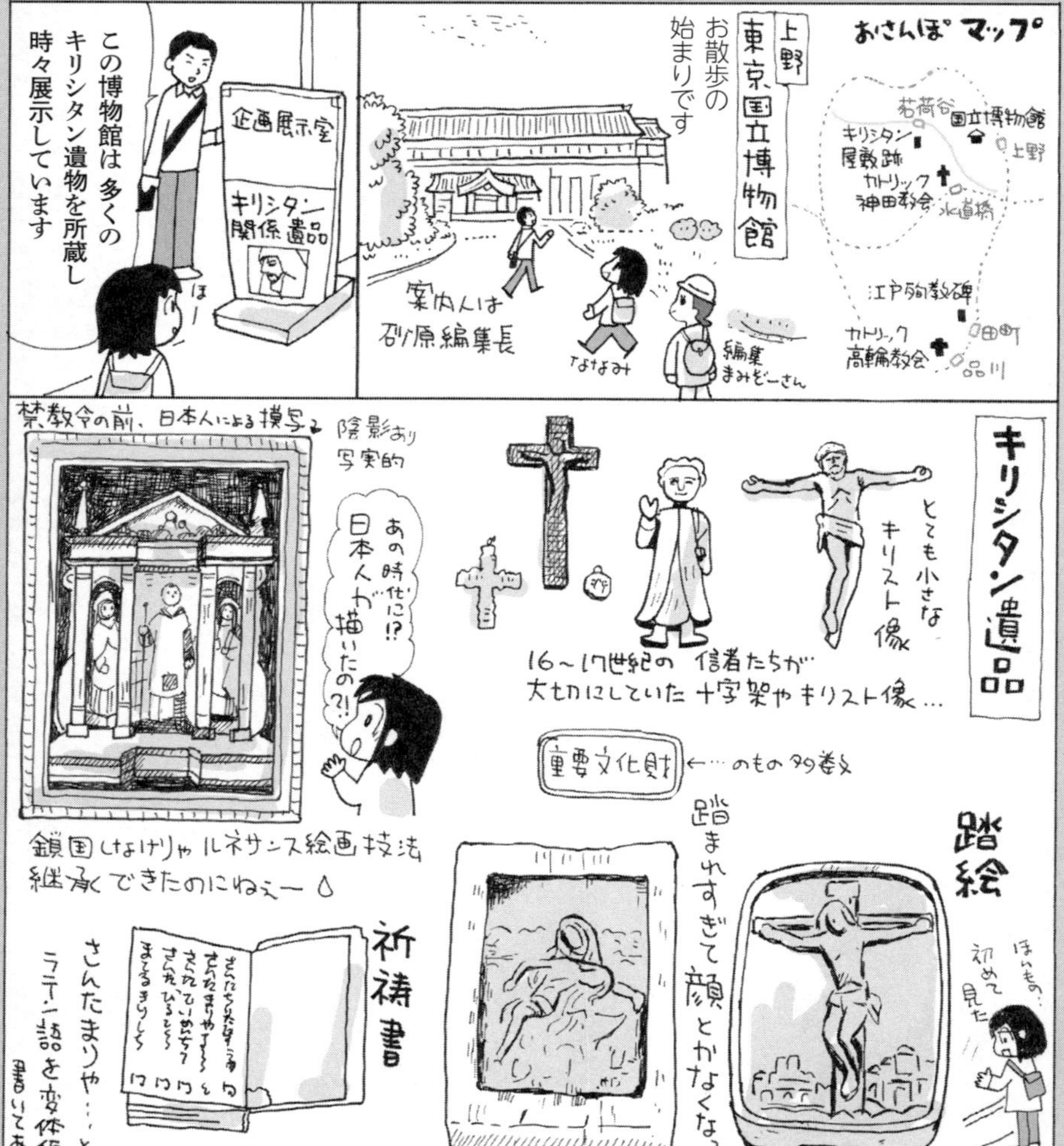

あれが こーなるのかぁ……
絵の技術も 鎖国だったからな〜
シドッチ(イタリア人宣教師)が持ってきた絵でキリシタン遺物の中でも有名な作品です
聖母像(親指のマリア)
聖母像のとなりに展示してあった当時の日本人による素描。
下ぶくれの観音様のような筆絵
茗荷谷 キリシタン屋敷跡
このシドッチが収容されていた屋敷がここにあった
狭っ
バテレンの収容所。小説『沈黙』の舞台でもあったそーな…。しかし今は
道の脇に
ひっそりと。
都旧跡 切支丹屋敷跡
縁石内ギリギリに収めてる。
水道橋 カトリック神田教会 ザビエルの遺骨
像
聖堂型の箱の中に安置されている遺骨
ガリバーみたいなザビエルさん
東京にもいたのねぇ
パリの街角にいるみたい〜♡
1928年に建てられた ルネサンス・ロマネスク様式の聖堂
登録有形文化財

田町
元和《げんな》キリシタン遺跡の碑
高層ビルの合間の緑の中に…
江戸時代
五十人の信者が
見せしめで
火あぶりにされた
記念碑です
火あぶり?!
都旧跡 元和キリシタ
往来からよく見える小高い丘にはり付けたのです
この辺りかな…
江戸では二千人が殉教しています
権力(徳川家光)によって神さまを信じる心が罪とされ処刑されていた……
ザビエルとかキリシタンとか
自分には関係ないと思ってた… けど
だって福音派だし
江戸気分のななみ
品川 カトリック高輪教会
江戸の殉教資料室
地下に小さな資料室
明治政府の切支丹禁止令
定
江戸幕府の切支丹制札
定
えっ
キリシタンを通報すると銀三百枚とかもらえたのねー
信教の自由って明治時代でもなかったのか〜
処刑跡から高輪教会に移された殉教者顕彰碑
私と同じ この街に
暮らし
同じ神を
信じた人々。
でもそのために
命をささげた人々の
足跡が今もここに
残っていた・・・

3章　役割に生きる

人間関係を良くする
7つの習慣を身につける
支援する
励ます
傾聴する
受容する
信頼する
尊敬する
違いを交渉する
人間関係を壊す7つの習慣
相手は変えられる
自分は正しい
批判する
責める
文句を言う
ガミガミ言う
脅す
罰する
ほうびでつる
力と支配

中絶防止活動

「小さないのちを守る会」

辻岡健象さん

〒 101-0062 東京都千代田区神田駿河台 2-1-208
お茶の水クリスチャンセンタービル 2 階
TEL/ 03-5577-6653
ホームページ https://www.prolifejapan.com

命に関わる祝福①

＊1 拙著『信じてたって悩んじゃう』に掲載

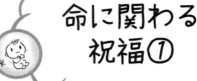

ほんとの おじーちゃんのように 養子になった ひとりひとりを 思い出して うれしそうに 語ってくださった
「最も小さい者たちの一人にしたことは、わたしにしたのです」*2とイエス様はおっしゃったでしょう？
小さな命を小さなイエス様と思ってね
養子になった子たち「東京のおじいちゃん」と私を呼んでくれてね
洗礼を受けましたと年賀状で教えてくれたり本当にうれしくて
おじいちゃん
あの子は
この子はこんなで…
体の命だけでなく永遠のいのちも救われたのですからね
養子は神様が特別に引き合わせてくださった親子
イスラエル民族を救ったモーセも養子だった
イエス様はヨセフの養子
私たちも神様の養子でしょ？
血のつながりじゃない血縁至上主義じゃなくて
大事なのは愛情愛情至上主義です
そーいえば…
Spirit of adoption
ローマ8:15
養子《adoption》として下さる霊を受けたもんね
誰が隣人かではなく誰が隣人になったか*3とイエス様は聞かれたでしょう？
「親子です」ではなく「親子になっていく」のです
命とは関わりです関わって親子になっていく
命との触れ合いの中で神様の愛と栄光が現実になっていきます

＊2 マタイの福音書25・40

＊3 ルカの福音書10・25—37

「中絶せずに養子を」をうたい文句にしてねチラシを配ったり
でもね私たちは中絶を絶対に責めない
中絶反対で戦っているのではないんです
そうではなく中絶しようか迷っている方に助けと救いを提供したい
そして何より神様が造られた命ですその命の温かさを伝えていきたい
そんな願いから二〇一四年日比谷公園近くで「マーチフォーライフ」（いのちの行進）を行った
日本で優生保護法が成立した日を覚えるためその同じ日に
でも大きな声で反対反対と叫ぶのではなく
涙より笑顔の解決を
March for Life
マーチ フォー ライフ
小さないのち
笑顔で静かに行進しまるで聖者の行進のようだった
すべての命の創造主である主が行進の先頭におられたと感じました
STOP ABORTION NOW
中絶やめよう
「命」について思うことって
命を造られた神様の思いに触れることになるんだなあ
と思ったななみでした

＊二〇一九年に養子縁組関係の法律が改正され、従来のような養子縁組斡旋は不可能となったが、「小さないのちを守る会」の会員が第2種社会福祉事業「NPOみぎわ」の認可を受けており、これまでどおり養子縁組の相談は「守る会」も続け、実務は「みぎわ」を通して行っている

命に関わる祝福②

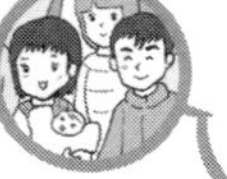

養子を迎えた夫妻

「コパン」

堀井栄治さん、祥子さん

e-mail/ gmxeiji@gmail.com

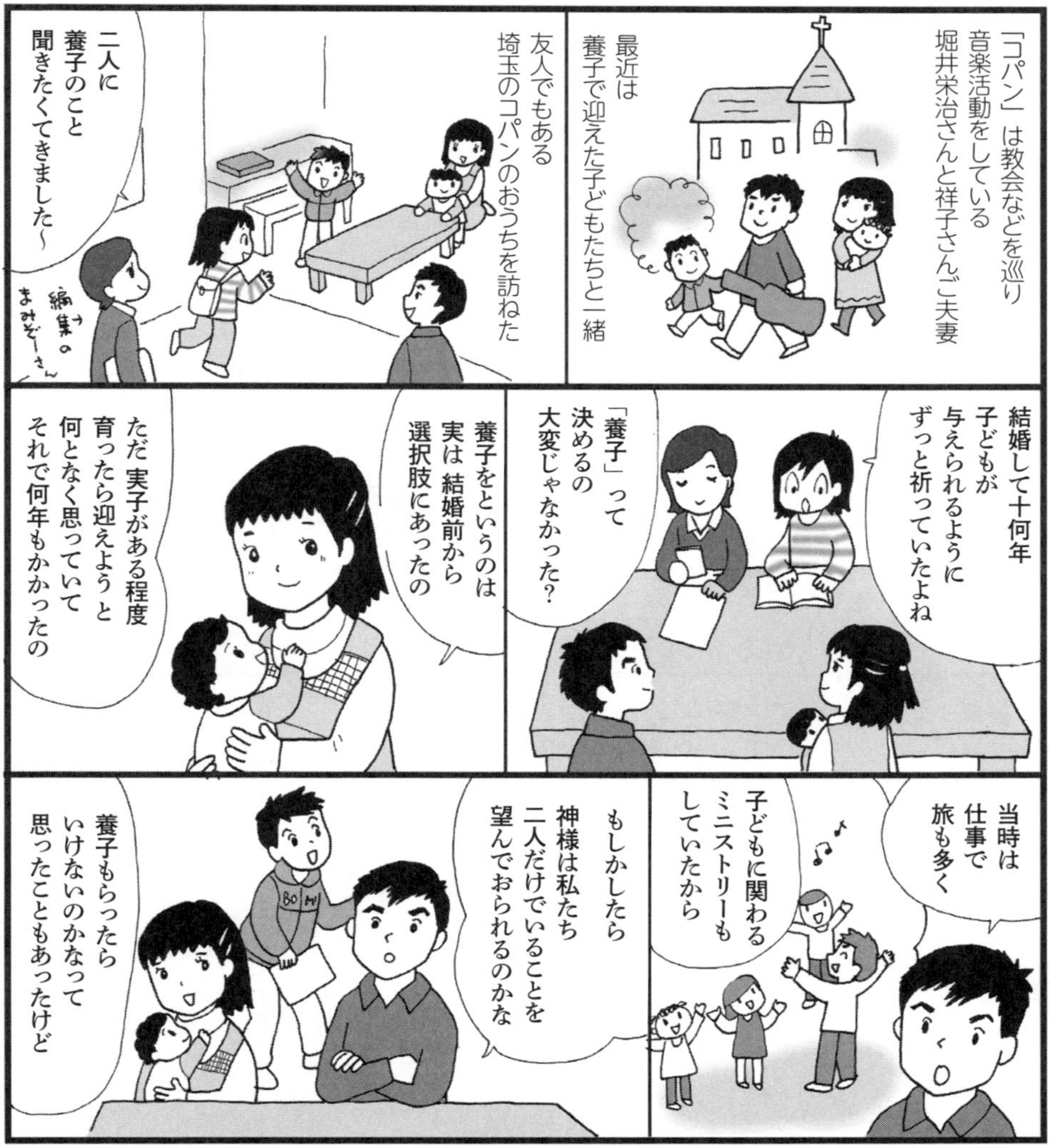

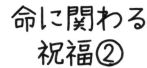

もらいたいと言ったからって必ず来るとは限らないよね
昔の2人↓
と言うのを聞いて
それなら自然に与えられるのと同じ
じゃあ「養子を望んでいます」という意思表示だけはしようということになって
「小さな命を守る会」に連絡をした
辻岡先生が来てくださり五時間くらい雑談した
お仕事は？
救われたのは…？
その中で
先生はぼくたちの信仰ややっていることなどを聞かれてそれが実質面談だった
ぼくたちは音楽活動をしていて収入も不安定だけど「守る会」だったから
機会を与えてもらったと思っています
そっかー ふつうの団体だと養父母には固い仕事経済的な安定が第一なのかも
信仰がなければどうなるか
それから一年半くらい待って
到着
待ち続けた赤ちゃんが来ることになった
どきどき
空港に迎えにいった時は遠くに見えただけで
涙が
来た〜
だーっ

その日 家族親戚
みんな集まり
養子を迎える式を行った
私はおじいちゃんです
この子を愛します
私はおばさんです
この子を愛します
いとこです
みんなで
愛していく決心
子どもは自分のもの
じゃない
「神様から頂きました」
という看板が
初めから
ついているのが
養子の恵みだと思う
大変なことが
あったとしても
あそぼー！♪
この子は神様に
必要なもの全部
与えられてきたから
大丈夫って
思うの
息子の八歳の誕生日
フェイスブックに
アップした親子の写真
和生が8さいにな
してくれて ありが
じまんのむすこです
BOYS MIN
いいね！102件
コメント 21件
私をお母さんに
してくれて
ありがとう
祥子ちゃん
泣ける～
そう
書かれていた
神様から頂いた
たくさんの恵みと
一緒に暮らす
子育て中の人々に
エールを送りたい
ななみでした
インタビュー後
みんなで
あそぶ
わーい
まみどーさんも
子育て中
神さま
みんなに
祝福を

フリースクール

「森の学園」

近藤信子さん

〒 300-0811 茨城県土浦市上高津 489-1
土浦めぐみ教会付属森の学園
TEL/ 080-3935-1509

あがなわれた教育①

＊1 取材は二〇一五年。数字は二〇一五年現在。二〇一六年調べでは約十三万人

かつては
歌っちゃいけない
みんなに笑われると
口を全然
開けなかったけれど
ヒヒ
ブツブツ♪
「森の学園」に来て
歌う喜びを知った生徒は
大きく口を開けて
授業以外でも
歌を楽しむように
なったそうだ
ウィーン少年合唱団に
入団した生徒さんが
いらっしゃるとか
本人の希望を聞いて
どうしても
ウィーン少年合唱団に
入りたいです
真剣…
入団試験の前に学校で
ボイストレーナーによる
指導を行い…
合格し オーストリアへ
来日コンサートは
学園の仲間で
聴きに行きました
「森の学園」では
「スペシャル」
という時間枠がある
子どもたちが
「本物」に触れる時間だ
プロのボイス
トレーナーによる
ボイストレーニングや
『ガンバの冒険』の著者
児童文学者の斎藤惇夫さん
詩人の工藤直子さんを
招いて文学のお話を
伺ったり
太陽系の
本当の距離感を
ひもで計ったり
先生と講師の方々は
クリスチャンなんですか？
学園の教師はほぼ
クリスチャンで
教職をもっていますが
スペシャルの講師には
クリスチャンでない方も
います
えっ
ほとんど
ですか
主がこの地球を
与えてくださった
この植物だって
動物だって
人間社会だって
神様が造られた世界の
良いものです
世の中にある
良いものをたくさん
子どもたちに
提供したいのです
クリスチャンだけ
という排他的に
なる必要はないです
教育という立場から言うと
子どもたち自身で
いろんなことを考えてほしい
うんと反抗して
違う
神様
なんでなんだよー
って
ぶつかってほしい
その時に
形式的でなく
本物の祈りになって
いくと思うのです

土浦めぐみ教会は
付属の幼稚園、マナ
愛児園を二十年以上
運営している
そのマナに続く学校が
欲しいという声が
十年ほど前からあり
祈りが積まれていた
土浦めぐみ教会
森の学園
マナ愛児園
マナでは
お友達が転んだら
助けるのが
ふつうだったのに
小学校に入学したら
みんなが転んだ子を
助けないで笑う…
…と言う子がいたり
でもそうことばにできる子は
まだいい 表現できずに
心を閉ざしてしまう
子のほうが
傷が深いです
副校長の
清水先生
卒園児童や親御さんたちの
要望に応えるかたちで
まず土曜学校が始まり
大勢の子どもたちが
集うようになった
そして
「森の学園」が生まれた
その時 立てられた
近藤信子校長は
清水先生（現副校長）と
一緒に音楽教室を
開いていた
けれどマナに続く学校の
創設を願い 長年
祈っていたお二人だったので
学園での奉仕を
主の召しと信じ
三十年間続けていた
音楽教室を
潔く閉めた
学校運営と
教室と両方は
できません
全部こっちに
向かないと
公立の学校があるのに
というプレッシャーや
不安はありませんか
不安はありますよ
児童を送り出してこられる
親御さんたちも
不安と闘っておられる
親御さんたちの
献身が学校を支えています
私たちは公教育を否定して
学校を始めたわけでは
ありません
公立に行けない子のために
作った学校でも
ありません
公教育で行っている
科目はみんなやります
でも公立では
できないこと
聖書を基盤にした
教育をしたいから
行っています
主任牧師の
清野先生
それぞれの賜物を
生かす教育です
幼い頃から
本物を体験させる
あえて言うなら
「あがなわれた
公教育」だと
思っています
えっ
そんな良いこと
早く言って
下さいよー
幼稚園運営二十年の歴史
長年の祈りと
教育に携わってきた
豊富な人材と献身…
教育はそれだけ
大切なものなのだと
痛感したななみでした
ずし〜
授業の
見学ね

フリースクール

「森の学園」

近藤信子さん

あがなわれた教育②

それぞれこの学齢とは思えないです優れた文章の表現力に驚きました
実はここを始めてすぐ児童の国語力が十分でないと気づき…
それで森学では「国語」以外に「日本語」という授業を設けています
近藤校長
自分で考える力考えたことをことばにする力…教育ってすばらしいなあ
「生活の時間」で野菜を育てる低学年のクラス
カボチャ
自分で収穫して食べるのは格別～
キュウリ
先生2人 生徒3人のクラス
その後の書写の時間では
苺
胡瓜
南瓜
育てている野菜の名前を先生がお手本に書いてそれを書写していた
その後は自由に思い思いのことばを書く子どもたち
魚が好きです
泥《ど》鰌《じょう》
鮃《ひらめ》
魚の名前を次々と書く少年
一人は植物図鑑を見てとても難しい植物の名前を書いている
この植物が好きなの？
野襤褸菊《のぼろぎく》
いえこの漢字が好きなんです
それぞれなんだな～
おもしろ～い
失敗しちゃった～
何書こうと思ったの？
あのね…
先生と仲よし
神様への気持ちをつづる
いつも
神さまが

一人一人みんな違ってみんないい…
金子みすゞ
個性を大切にする教育
詰め込みでなく考える教育をするとか 話には聞くけど目の前でまさに見たななみであった
へえー これ書いたの
習字を見せに
一方でこういう取り組みも
小学校中学校は義務教育で地域の学校に生徒たちの籍は置いたままですから
在籍する学校の先生に生徒の出席簿や成績表手紙を毎月送って様子を知らせます
出席
成績表
教会の礼拝でも森学について知ってもらう機会を設け
在籍校の先生を「森の学園デー」に招待し来ていただきました
そういう配慮も大切なのね
ふーむ
のびのびと楽しそうな子どもたち聖書を基盤に生きる力を養う教育
それはたくさんの祈りと教育者らの献身土浦めぐみ教会という大きな支えがあってこそ
日本のフリースクールは増え続け 現在四百以上
しかし多くの課題を抱えている
学校としては無認可でNPO法人や個人が設立・運営しているところが多い
フリースクール
自由な反面公的支援がなく大半は保護者の会費により運営しているが経営は安定しにくい
生活のためバイトしよう
教師するギリギリの日々
センセ!
職員の給与も低くボランティアの場合もあり教育の質やレベルもまちまち
経営のための長期的プランがないまま経営難に陥り
突然スクールの閉鎖に追い込まれるケースも少なくない
とつぜん
閉校しました
○○フリースクール
ガーン
えっ
これからどーすれば…
国はそのような現状をふまえつつこれからの公的支援を検討中…ということらしい
子どもたちがそれぞれの場所で真に生きる力を培える教育を受け続けることができますように…
心から願うななみでした
しんぶん
フリースクール公的支援

NPOデイサービス
「キングダムハウス」

〒204-0022 東京都清瀬市松山1丁目27番6号
岡田ビル1階
TEL/ 042-457-8043

お父さん

家庭に近い高齢者の居場所

清瀬キングダムチャーチが二〇一五年に始めたデイサービス[*1]を訪問させていただいた
この日の利用者さんは四名定員十人の小規模な介護施設だ
所長の佐藤さんも
利用者さんの笑顔が励みです
常勤スタッフで生活相談員の小川さんも教会員
他に看護師さん機能訓練指導員やパートスタッフなど教会以外の職員の方もおられる
作業療法の一環です
コーヒーは朝豆をミルで挽くんですよ
ゴリゴリ
ゴリ
所長さん指導のゴム体操では全身の筋肉を使う
ななみ
意外とつかれる
毎月一度みんなで調理をする日がありこの日は豚汁作り
しめじを裂いたり大根を切ったり
お料理はみなさんのほうがご存じで教えていただくことも多いんですよ
トランプをしたり
ははは…
SHOP
歩行訓練でショッピングや飲食店公園や川などによく行くそうです

＊1 キングダムハウス＝NPO（特定非営利活動法人）キングダムが運営する通所介護施設、デイサービス

教会堂へ移動
デイサービスというの 今日 初めて 見学しましたが
お父さん
実家の両親を おもいだした
少人数だし 何か ふつーの家の居間で ふつーにいるような…
そう言っていただけて うれしいです それを目指して いるんですよ
理事長の 岡田先生
十人以下の小規模な デイサービス だからこそできる 家庭に近い サービスがあるんですね
私の母も 教会員の親御さんも こちらに 通われて
通所者さんは 通い始めてから 足腰がしっかりしたり 以前より話が できるように なったり
すばらしい 神様の祝福を 見ています
でも… 赤字なんです
あ 赤字 なんですか…
それ 言っちゃうのね、 正直に
まあ最初の一年は 赤字を覚悟で 始めました
赤字だからこそ みんなで 一致しなくちゃ いけない場面があって
赤字でも 神様を信じて 祈って やっていかなくちゃ いけない場面があって 成長していくんです
九か月たって どうにか 教会会計からの 補てんも 減らせるように なりました
資金は大変ですが 教会の会計に 余裕があるなら これから日本には 教会が行うデイサービスが 必要だと思います
信者の方が 祈り 賛美し そうでない方が 神様に出会える 場になっている
主のめぐみ〜
NPO法人を立ち上げた きっかけは以前参加した聖会[＊2]で ウクライナから来た先生の話を 聞いたこと
ウクライナでは 教会が何百という NPO法人を立ち上げ 地域に仕えています
日本でもこれからは 地域の必要に 応える働きを 教会がしていくことで 神様の愛を示すのです

＊2 サンデー・アデラジャ聖会

ここにおられる
牧師 教育者の中で
神様に示されて
その働きのために
立ち上がる方は
いませんか
地域の子どもたちを
支援する
働きをしたい
その日 神様に促されて
立ち上がった
その後 法改正などで
法人をとるのが
困難になり
諦めかけた時
不思議な神様からの
励ましの中で
手続きを再開し
認可が下りたのは
聖会で立ち上がって
ちょうど一年後
あの決心の日と
同じ日に…
このときは
子どものスクールの
ため‥
←小川さんのお子さん Tちゃん
認
NPO
子どものスクールの
NPOと考えて
いたが
その際 介護事業も
必要になるのではと
併せて
申請しておいた
NPO申請書
児童
高れい者
やがて
は……
この書類の絵はてきとーです（み）
その六年後
導きを
感じ
NPO キングダム
デイサービス キングダムハウ
不思議な形で道が開かれ
高齢者通所施設の認可が
下りたのが二〇一四年の
クリスマスの頃
デイサービスに必要な
設備の工事や
認可が下りるための
資格者の確保など
一つ一つの行程に
神様の導きが
あった
この辺の詳細
伺ったけど
全部省略…
すみません
まさかのタイミングで
とこでぱったり
お～神さま～！
ならと
だからね もう
神様のみこころだと
ゆるがなかった
そして
すばらしいのは
信徒さんの
献身です
でも赤字…
赤字かぁ～
神のみこころと祝福と赤字はべつ
人生 赤字↓ 身につまされる
ずっとニコニコ
笑顔で楽しそうに
利用者さんたちと
お話をされてましたね～
え？ ニコニコ？
私が？
保育士してた頃は
まだクリスチャンじゃなく
子どもに怒って
ばっかりだったんですよー
教会の守りと祈り
牧師の導きがあったから
今こんなふうに
楽しそうに見えるくらいに
変わったんだと思います
自分の力では
あっという間に限界
やはり神業ですね～
現実は甘くない
けれど神様が
導かれるなら…
NPOという形で
神様の愛を
実践していくことは
地域に密接に
仕えていく教会の
新しい可能性に
なりそうです
KINGDOM
Tちゃん
教会スタッフの佐藤雅子さん
ありがとう～
デイサービス所長さんの奥さまで 聖書まんが家

保護猫カフェ

「猫のいる家やすらぎ」

天野和子さん

猫も人間もやすらぐ

ホームページ http://nekonoie-yasuragi.com

保護猫カフェがあるというので行ってみた
猫の家やすらぎ
猫の家やすらぎ＊1
わ〜かわいい〜〜
しかし追い回したり
無理やり抱き上げてはいけない
愛は寛容
猫が来るのをじっと待つ
編集のまみどーさん
猫はすぐ来てずっとヒザに
いいなー
ヒザを用意してまっても だれも来ない
猫カフェの猫たちはかつて捨てられていた
保護されて今はオーナーの天野さんちの猫
来たばかりで里親募集中の猫はケージの中
オーナーの天野さん
もともと生き物が大好きで
捨てられた犬や猫に心が向いてずっと飼ってきました
動物好きのお友達が地域にたくさんいるので
天野さん〜ここに野良ちゃんがいるよ〜
情報交換があって今までたくさんの猫たちを保護しました

＊1 取材時から名称が変わり、現在は「猫のいる家やすらぎ」

放置され褥瘡《じょくそう》が
できている犬が
いるよ
と
教えてもらった時
クウーン
まあ
引き取ったのが
さくらと
シェリー
一時は犬を八匹
保護していた
こともあります
犬八匹？
散歩だけでも
大変なのでは
八匹?!
犬一匹で
てんてこまい
四匹ずつ
散歩を
手伝ってくれる
友達もいました
みんな看取って
この子は あと
ついてきて
ほろり
写真見ていると
涙がでてきますね
この子は
手術して
アルバム
ポスターを作ってくれる
友達もいたり
口コミだったり
保護や譲渡を
地域の仲間で
やって
いましたが
里親募集
ねこ
Tel…天野など
友達も高齢になり
仲間だけでは
難しくなってきたので
公の形で
昨年始めました
ブログの
更新は
ミミさんで
絵は
ちば姉妹
みんなの協力で
「動物取り扱い責任者」
という資格をとって
猫カフェとして登録して
ホームページなども
立ち上げました
ホームページを見て
猫の里親希望の方が
遠方からも
訪れるように
なりました
飼うなら
保護ねこ
と決めてきました
そのホームページを作成された
協力スタッフの
「みっくん」こと石倉さんは
同じ教会に通う
神学生（取材時）
みっくん
うちでも天野さんが
保護した犬と猫たちが
歴代いました
猫カフェ自体は
去年（二〇一五年）
始まったけれど
保護 譲渡は
三十年以上前から ぼくが
生まれるより先にうちには
猫がいましたから
みっくんの家には
三匹くらい
もらってもらったね
もっといますよ
タロウ
ミンニャ
マロン
猫は五匹
犬は二匹
そうでしたね
みっくんのお母さんのような
仲間が他にも
何人もいます

犬猫の殺処分数は年間約十四万頭＊2
飼育放棄され殺される動物たちのことを思うと…胸が痛みます
「やすらぎ」という名前は
人間の無責任のせいで捨てられた猫が「やすらぐ」所で
みっくん
また社会で疲れている人間が猫とふれあってやすらぐ所
猫と人が共にやすらぐという意味で天野さんがつけた名前です
まず猫がやすらぐのがいいですね～
ずーっと保護活動を続けてこられた天野さんの思いの根本には何があるのですか？
根本は
神様が私たち人間だけじゃなく動物もすべて目的をもって造ってくださったということ
ですから私に与えられた使命というのは
神様がどこかで導かれたらその部分を私は行う
示された時にそれをすればいいと思ってきました
猫が捨てられているのを耳にしたら「この子を助けてあげなさい」というのがみこころだと受け止めて？
そうですね私はそう考えてきました
それがつながって保護猫カフェというかたちになったのですね
教会内外のたくさんのお友達の協力 応援 祈りにあふれた猫の家だった
帰りがけ天野家の今のワンコにも挨拶
人間の身勝手のために命を失う動物たちが一匹でもいなくなりますように心から願い祈るななみでした

＊2 環境省による取材時最新データ（二〇二三年度）。二〇一七年度のデータによると約四万頭と年々減少傾向にある

有機農業家

松井務さん

支えられ養われる命

〒 386-1431 長野県上田市別所温泉 56-1
TEL/ 0268-55-9526

＊1　石川雅之による漫画。肉眼で菌を見ることができる主人公・沢木を中心に、菌・ウイルスに関わる農業大学の学生生活を描いている

＊2 人間の体細胞の数は約三十七兆、腸内細菌の種類は約三万種、腸内細菌の数は百兆〜千兆と言われている

*3 ルカの福音書11・24−26

刑務所慰問活動

誰もが尊い存在

上原令子さん

ホームページ http://www.abba-music.com

ある時はチャペルコンサートに来た刑務官に
上原さん!
うちの所にも来ていただくことは可能ですか
コンサート終了後
声をかけられたり
またある時は刑務所で歌を聴いた刑務官が異動になり
遠くなったけど転勤先でも歌ってください!
新たな場所に呼ばれたり
数百人もの受刑者の前で歌う
あ 外国人受刑者もいるんだ
英語でも歌い 少しだけ英語でも話をした
my life has changed...
コンサートのあと
いつも日本語でしか慰問がないので外国人の方たちもとても喜んでいました
ありがとうございました
…じゃあ いつか英語だけでコンサートさせていただけませんか
ある日機会が訪れた
通されたのは十人ほど集まった小さな部屋 音響設備もない
みんな外国人
こちらへ
この時間は…一方的なコンサートではないな…
話し合いの時間をもとう
教戒師ではないので聖書は語らないけれど令子さんの人生は神抜きでは話が成り立たないので自然と神の話がでる
それを聞いて
what about you
それぞれが心のうちを語り
I feel the same..
I think
久しぶりの英語で笑って泣いて話し合えた貴重な時間になった

とてもよかったです
上原さん
また来てくださいね！
外国人の受刑者は孤独な人が多いのに
ことばも通じず
面会者も少なく
施設内もトラブル回避のためいろいろルールがあって…
そーなんだ？
刑務所にいる外国人の寂しさなんて
考えたこともないよ…
この話し合いを待ち望む人たちが何人もいて
何年もこの奉仕は続いている
手弁当で出向く令子さん
待っててくれると思うとうれしいじゃない？
だから行くのよ
Reiko
クリスチャンの人もそうでない人も
自然と神様の話になって喜んでね〜！
えっ
クリスチャンの受刑者がいるの？
クリスチャンなのに？！
いるわよ
クリスチャンも刑務所に入る
そうか…そうだよね
私だって刑法には触れずとも
身勝手だったり約束やぶったり罪は毎日あるし
考えてみりゃあ
赦《ゆる》される必要があるのは塀の外も中の人も同じこと
私はただその方々が尊い存在なんだということを伝えたいのね
刑務所の中にいる人々に尊い存在だなんて
だれが言いたいだろう
神様が言いたいんだ！
令子さんはその代弁をしている
「示されているみことば？ ないない！」と言ってたけれど
その姿にいくつも聖書のことばが思い浮かぶ
「牢にいたときに訪ねてくれた…最も小さい者たちの一人にしたことは、わたしにしたのです」*1
わたしの目にはあなたは高価で尊い*2
寄留者を苦しめてはならない*3
ライブハウスみたいですね！
私一晩中歌えそう！
そんな令子さんを応援したいななみでした

＊1 マタイの福音書25・36、40　＊2 イザヤ書43・4
＊3 出エジプト記22・21

福祉の麦の穂として①

ケアシステムプランナー

木村広之さん

ホームページ https://psalm098.wixsite.com/website

木村広之／介護保険制度以前から訪問介護員、通所介護職員、老人保健施設総務、居宅介護支援事業所の介護支援専門員を経て、現在、自治体や地域包括支援センターからの依頼を含むセミナー講師や、事業所に赴いての研修の企画・講師。現在、在来馬・農業・介護を組み合わせた新しい形のケアの構築をするべく、地域活性化・コミュニティ形成展開を図るプロジェクトを進行中

以前私の個展に来てくださったのをきっかけに知り合った
介護に関するお仕事をされている木村広之さんとコーヒータイム
ケアシステムプランナー？介護職員？
ケアマネジャー
ケアシステムクリエイター
基本はケアマネジャーで*1
事業所に対し法令をわかりやすく説明して効率化を図るためコンサルティング的なことをしています
講師 研修や執筆をしています
そして音楽活動もされているとか…
音楽は趣味ですが
ところで 私の父は数年前から病気でだんだん体が動かなくなり状況判断や話すことも食べることも難しくなった
見舞うたびに私は複雑な思いだった
二〇一六年に亡くなるまで病院で二年近く介護を受けていたそのため介護職の方には頭が下がる
来たよー お祈りしてるよ
おと～さん
シーツ替えます
木村さんに聞いてみたかったんですが
二〇一六年相模原のやまゆり園の事件どう思いましたか？
身うごきできない人々を殺す…って…
あの事件…実は聞いてすぐ曲を作ったほど…
たいへんな衝撃を受けました
なんじゃお前作曲家か!?笑 …と奥さまのツッコミが入った。
それはなぜかというとこれはまた似たようなことが起きると感じたからです
誰にでもそういう芽があるから
芽？

＊二〇一四年三月開設以来十八万PVを超えているブログ「介護セミナリオ」を一新。上記ホームページ「スタジオ『ケアマネジメントのデザイン』」では、ケアマネジメントに関わる情報を現場実務の視点で噛み砕いて伝えている　＊1　二〇一六年当時

一つは介護職員の処遇の問題とか
資質の問題
ちゃんと研修をして研鑽《けんさん》を積んでいない…
たとえばバイスティック七つの原則とかあるんですけど…
バイスティック？
これね
バイスティック 7つの原則[*2]
① 個別化の原則 「同じ問題は存在しない」
② 意図的な感情表現の原則 「クライエントの感情表現の自由を認める」
③ 統制された情緒関与の原則 「ワーカー自身がクライエント自身の感情にのみ込まれないようにする」
④ 受容の原則 「決して頭から否定せず、どうしてそういう考え方になるかを理解する」
⑤ 非審判的態度の原則 「ワーカーは善悪を判じない」
⑥ 自己決定の原則 「あくまでも自らの行動を決定するのはクライエント自身である」
⑦ 秘密保持の原則
バイスティックって神父なんです
「受容の原則」「非審判的態度」「自己決定の原則」とか
そういうのもソーシャルワークをやる上では基本で
ぼくら駆け出しの二十年前は誰もが教わったことですが今はスポーンと抜け落ちて…
バイスティック
ちゃんと学んでいる人が少なくなってきたという介護業界の実情があります
人の尊厳を守る思いをもてないまま介護の仕事についている人が少なくない
尊厳…
もしかするとそっちのほうが多いかもしれない
今は人手不足来ればすぐ採用しそこから教育すればいいけれど教育する余裕がなく…
採用
すぐ
現場
そっち支えて
頑張っている事業所もある一方劣悪な事業所も増えているというのを感じます
人に対する尊敬や命についての哲学が抜け落ちた状況で仕事をしているうちに
自分の中の善悪で判断して行動を起こすということがありうると思うんですよ

＊2 アメリカの神父で社会福祉学者のフェリックス・ポール・バイスティックが著書『ケースワークの原則』で記したケースワークの原則。現在においてケースワークの基本的な作法として認識されている
http://www.ee-life.net/hatena/biestek.html

↓命の尊厳でなく 経済で納得を試みる自分…とほほ

ケアシステムプランナー

木村広之さん

福祉の麦の穂として②

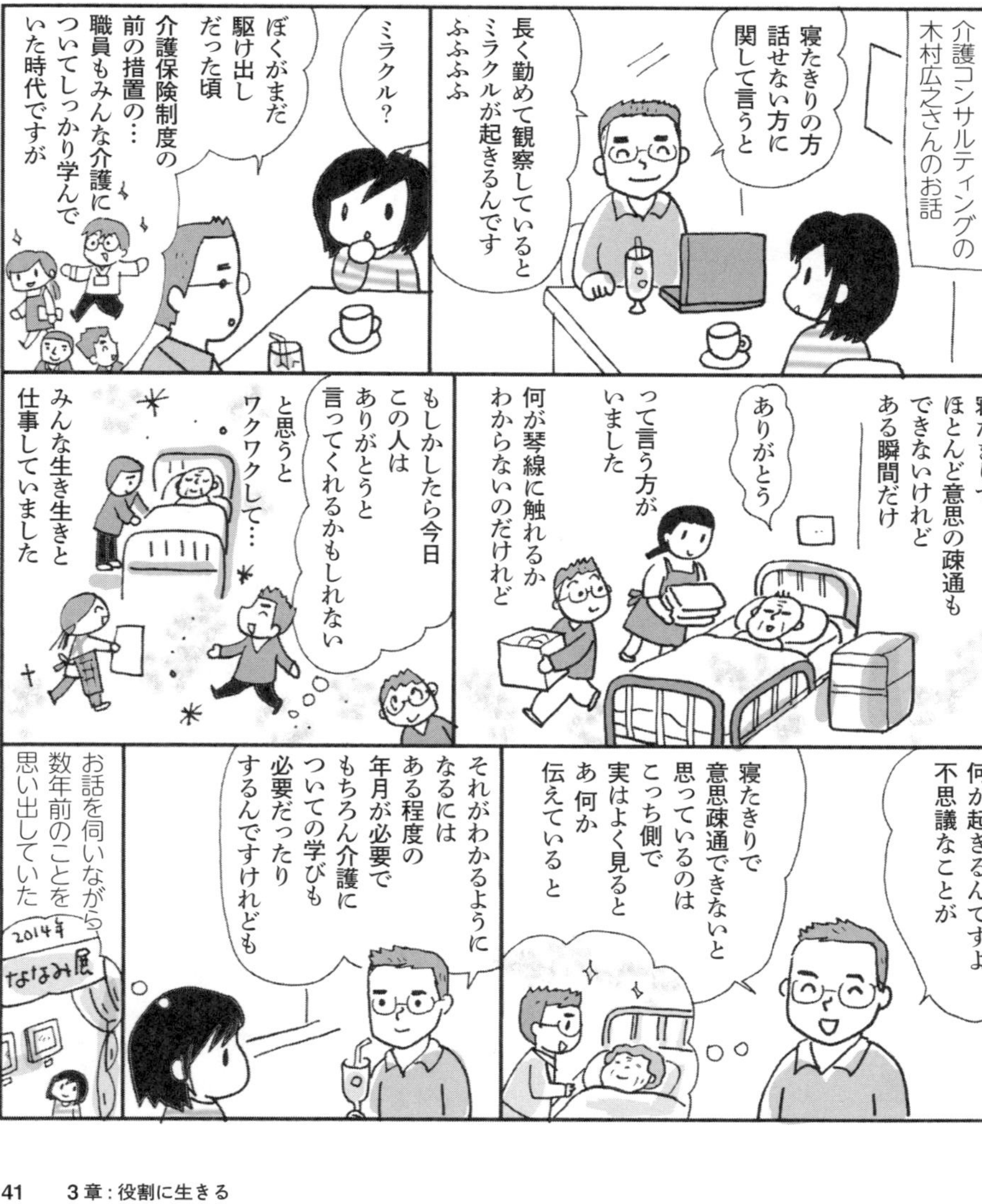

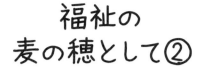

数年前　銀座教文館
明日父を
車に乗せて
連れてきます
私のただの
自己満足で
父にはどこなのかも
私が描いた絵だとも
わからないだろうけど
認知症
要介護5で
介護職の方
なのね　では
父のことなど
話して
父は昔から
いつ銀座の
ギャラリーで
個展をするんだい？
ヤング
ななみ
ART
銀座なんて
ムリ〜
と　何度も
言っていたので
わからなくても
父に
来てもらって
銀座のギャラリーで
展示してる
私の絵を見せたくて
てへ
わかりますよ
えっ？
でも
ことばにできなくても
きっと何かを感じます
長く
こういう仕事
していて
たくさん
そういうことを
見てきました
うるる
木村さんの
そのことばに
私はおおいに
慰められた
お父さん
銀座だよー
父が何も言わなくても
いーんだ
この仕事は
地味な中に
奇跡が起きています
認知症の方と
一瞬でも意思疎通
できた時の
感動や共鳴…
小さな中に
輝きがあります
現在に戻る
それは長年やってないと
なかなか
見つけられないし
バイスティックの
七つの原則など
学んだり
人への尊厳が
あった上で
真剣に関わり
続けていくときに
ミラクルを
時々経験したり
地味な中にも
輝きを
見いだす
のです

クリスチャンとして思うこととか…？
さいごに
ぼくはですね～悪い人なんです～
えっ？泥棒？犯罪？
それはそれで詳しく…
いやいや
そうじゃないけど
いつも聖書に触れないと悪魔のささやくほうへ行ってしまうというのを意識しているのです 楽じゃないですか 悪いことに流れていくほうが
ええ 流れます すぐに流れます
私なんかすぐざざーっとみごとに
だから
朝やご自宅訪問でピンポンする前にも
この場にあなたがおられますように…
と思うわけです
何をやるにもそれは願います
業務上繊細な部分をケアマネジャーは聞いたりします 生い立ちや状況 本人や家族の意向などを伺ってケアプランを作る
そういうときに相手を傷つけてはいけないし不機嫌にしてはいけない
神の栄光を現すと言うとえらそうだけど 福音をのべ伝えるのは市井《しせい》の中で起きていることで
こっぱずかしいけどなるべく愛というものを伝えられる自分でありたい…
とはいえ流れるんですよ悪いほうへ…というのがありますので それを常に意識して…
みことばに触れ祈るんですね
まだまだ修行中ですが
SiRYO
バイスティック
1
2
3
人への尊厳を失わず地味で小さな中にある輝きを見いだす…
イエス様は光…
「最も小さい者たちの一人にしたことは、わたしにしたのです」＊1 …というイエス様のことばを思うななみでした

＊1 マタイの福音書25・40

NPO法人
「せやふれあいの庭」

被災地・高齢者のために①

ホームページ http://seya-fureai.jp

特定非営利活動法人せやふれあいの庭／「体を使い、頭を使い、歌を歌い、共に食し、共に笑う」をコンセプトに、高齢の方々、障がいをもった方々、被災地域におられる高齢の方々とそのご家族など、さまざまな支援を必要とする方々が仲間と共に、体も心も充実した日々の生活が歩めるような活動や、交流の場、きっかけを提供している

二〇一七年
横浜の日本チャーチオブゴッド教団瀬谷キリスト教会の柏木さんからNPO法人「せやふれあいの庭」のお話を伺う
数年前、教会の高齢者ケアから始まった「せやふれあいの庭」はNPO法人となり現在週に一度の高齢者サロンで*1
音楽療法や体操教室
歌や折り紙 作品作り お料理教室 栄養指導など さまざまな活動を行っている
500円
体操教室
食育指導士、食品衛生管理責任者等の有資格者スタッフによる手作りランチで楽しく会食
運営は介護福祉士 介護支援専門員の岡庭さん
専属音楽療法士の藤木牧師ご夫妻
スタッフのみなさん
教会員のボランティアの方々など
でその「せやふれあいの庭」で
福島県の仮設住宅の訪問をされているとか…
はい 震災から一年たったあたりから
被災地のために何かしたい
という参加者さんたちの声をきっかけとして

＊1 「せやふれあいの庭」での高齢者サロンは二〇一八年十二月をもって終了し、二〇一九年一月より教会が引き継ぎ、「チャーチサロン」として高齢者の働きを担っている

現地に支援に入っている団体と連絡を取り先方の必要を確認した
手紙を送ってください
くつ下などを つけて
くださっても 結構で
参加者が心を込めて書いた手紙に靴下やみことばを添えた応援グッズを作り二十個弱被災地へ送った
しばらくすると
心のこもったこのグッズをあと二千パックほど送っていただけませんか？
その後ふれあいの庭「被災地応援グッズ二千個プロジェクト」
「松ぼっくりのクリスマスツリーを千個送ろうプロジェクト」などが進められた中で
仮設住宅へグッズを届けてくださっている郡山聖書バプテスト教会丘の上チャペル牧師の大田尾達三先生から
仮設に一緒に行って独居高齢者たちと会っていただけないでしょうか？
と声をかけられた
これをせやふれあいの庭は神様の導きと受け取った
善を行うことと、分かち合うことを忘れてはいけません。そのようないけにえを、神は喜ばれるのです＊2
二〇一四年に視察
仮設は生活再建の力のない後期高齢者ばかり
震災直後は大勢来ていたボランティアもだんだん来なくなり取り残された感があります

＊2 ヘブル人への手紙13・16

それ以来
春夏秋冬と年四回
郡山市川内村
仮設住宅を訪問
高齢者の方々向けの
音楽療法や
手作りのお弁当の
配布など
行ってきました
横浜の瀬谷教会での
高齢者サロンの実績が
まるまる
生かされている〜
すご〜い
ある日の様子
若宮前仮設住宅へ
満面の笑みをもって
迎えられ
来るのを
楽しみにしていたの
仮設の方々と
手を取り合い
話がはずむ
音楽療法士の
藤木牧師ご夫妻の
音楽療法
彼らの故郷である
川内小唄を
歌ったり
俺が
川内〜
ヨイサッサー〜
大きな声を出すことは
嚥下《えんげ》の訓練にもなる
替え歌や腹話術
藤木先生の
動作やことばに
みなさん大爆笑
あははは
は
あははは
面白いなぁ
こんなに
笑ったのは
久しぶりだ
ははは
ははは
は
ここでしか笑ったりする
こともないからね
スタッフさん
希望をもつことは
脳を活性化させます
聖書のことばを
さらりと引用しながら
参加者を励ましたりした
希望をもてない状況で
希望をもって笑顔になるのは
とても難しいこと
…けれど
ひとときだけでも
笑えるのは
きっと
神様の愛の温かさが
ふれあいの庭の中にあるから…

NPO法人

「せやふれあいの庭」

被災地・高齢者のために②

引き続き横浜の瀬谷キリスト教会の柏木さんからこれまで行っていた被災地支援のお話を伺う
仮設にお届けするため…
瀬谷キリスト教会 高齢者ケア NPO法人「せやふれあいの庭」
那須高原ハウスオブレストに移動しキッチンを借りて早朝五時からお弁当を作ります
えなぜ那須まで？
となりの県では…
こちらが営業許可を取っているペンションだからです 衛生管理がきちんとされていて安心です そして
ここで調理した具材の一部は万が一食中毒が起こったときのことを考え「検食」として七十二時間冷蔵し保存しておいてもらっています
ひょ〜そういう配慮も必要なんですね〜
那須高原教会の近藤牧師ご夫妻は力強い協力者です
ふたたび移動して南二丁目仮設へお弁当を配布
包み紙には教会の方々や子どもたちが毎回絵を描く
かわいいね〜記念に持ち帰るわ
皆でわいわいガヤガヤ楽しくお弁当の時間
川内村は東京電力からの月々の援助がなくなり厳しい経済状況に置かれていました
弁当一食でもその一食分が生活を助けることになります

震災前は三世代で
にぎやかに
暮らしていたのに
家族と離れるしか
なくなった
ご高齢の方々
仮設で暮らし始め
仮設の仲間と出会い
支え合い
励まし合ってきた
けれども
たいへん
だったね
川内村住民帰還方針という
政府の政策が
打ち出され
二〇一七年
三月末日をもって
仮設は閉鎖
六年間
慣れ親しんだ
仲間と別れ
立入禁止
川内村へ帰って
家族と住む方や
郡山市内に残って
暮らす方もいます
放射線の被曝《ひばく》が
少ないとはいえ
その放射線を毎年浴びる
そしてそれが
体の中に
溜まっていく…
そのような地域に
帰ることを
躊躇《ちゅうちょ》する人も
たくさんいて
他に行く所がないから
しようがない
もう
あきらめた
帰っても
ひとりぼっちだ
若い人や
生活に必要な
店も少なく
大きな病院も遠く
村に帰っても生活が
成り立って
いかないという
心配もあります
この仮設に
住んでおられた方々には
厳しい現実があります
二〇一七年二月
仮設最後の
集会が終わり
お茶を飲みながら
長いおしゃべり
あんたたちは
来てくれるよね
また来てね
必ず
待っているから
ありがとう
私たちが帰るまで
高齢者の方々は
集会場で待って
いてくださり
丁寧なご挨拶を
いただきました
またきてねー
ありがとうー

自治会長さんからは
川内村にできたホームなどにも続けて来てください
と言っていただき
二〇一六年には川内村へ行って新しく建てられた特別養護老人ホームでも音楽療法を初めて行いました
仮設が閉鎖された後も川内村支援は続けていくよう導かれています
川内村
神様がせやふれあいの庭を川内村仮設に導かれました
神様がどんなにかこの人々を愛しているかその証《あか》しであると感じました
そしてこの現実を目の当たりに見させられている私たちは
彼らの生活が守られていくようにそれとともに神の愛と救いがこの働きを通して流れて彼らの心に届くようにと祈らずにはいられません
柏木さんのお話を伺いながら
三・一一震災直後私もボランティアを少しだけやったことを思い出した何をしたかも忘れつつあったけれど
3.11
とーいえば
震災のため困難な毎日を送っておられる方は今もいて
仮設がなくなっても現実は大変さが続いていて……さらに大変で
そしてその方々を誰よりも愛し心にかけておられる神様がいる
私も祈らせていただこうと改めて思った

子ども食堂

「プレゼンス川口子ども食堂」

おなかも心も満たされるために

鈴木悟さん

〒 332-0006 埼玉県川口市末広 2-15-17 1F　BETHLEHEM 内
TEL/ 048-225-0825（担当：鈴木奈保）
e-mail/ nahoinchrist@gmail.com
ホームページ http://www.churchontherock.jp

プレゼンス川口子ども食堂／子ども食堂を月に二回行う。子どもたちの心のケアや勉強を教えたり、一緒に遊ぶ

ご飯中は
なぞなぞなど
なーんだろ
え
なんだーっ
わかった
食後は
ゲームや紙芝居
ジャンケン
あとだし
ポーン
ご飯の間も
その後も　笑い声が
絶えない
小さな子と一緒の
お母さんもいれば
ありがとうございました
仕事帰りで
後から迎えに来る
お母さんもいる
まだ「こども食堂」が
始まる数年前のこと
鈴木さんは
川口市の
「岩の上教会」で
牧師として
働いていた
ある月曜日
当時小学校一年生の
あきちゃんが
パパ！
駅前で伝道しよう
トラクト配ろう！
ママ
グー
あきちゃん手描きのトラクトが
子どもたちに
トラクトを
配り
娘が描いたので…
エエッ
！そうだ
イエスさま
教会で今度
パーティやるから
来てね！
とつぜんの思いつき
？
このパーティを
始まりに
子どもたちのため
ほぼ毎月
イベントが
現在まで
続けられている
クッキー作りなどは
地域の子どもたちが
五十人ほど集まる
ROCKEES
バレンタインパーティ
ROCKEES
吹き矢トーナメント
ROCKEES
クッキー作り
ROCKEES
大きくなったあきちゃん
イエスさま大好き
BUTTOBI KIDS
God loves
そんな活動を
何年間も続けてきた
経緯もあって
子ども食堂を
始めてからは
口コミで広がり
真にニーズを抱えている
方々が続けて
集ってくれるようになった
おいしかった
たのしいよー
岩の上教会だからロッキーズ

地域の問題の
ボトムアップというのは
もう何千年も
クリスチャン教会が
やってきたことです
でも私は
彼らの
おなかを満たす
ためと思って
やってはいないんです
支援するような
仕組みも
考えられたらとは
思うのですが
それよりもむしろ
彼らの心の問題に
触れたい
ここに来て
いっぱい笑って
楽しかった
幸せだった
なんかよかったと
思える場所にしたい
ふふ
あはは
その中で
神様って何て楽しくって
優しくって慰めてくれて
自分を子どものように
思ってくれているか
その感じが少しでも
伝わったらと
願っています
食事だけでなく
子どもたちが
安心して
悩みや困っていることを
相談できる場所を
提供していきたいのです
考えるわたし…
家の食卓は
にぎやかな
笑顔ばかりではなく
貧困や寂しさ…
いろんな事情を
抱えた子どもたちが
いるのが現実で
その子たちにとって
笑いながら
おなかいっぱい
食べられる場所が
あること
家以外にも
安心して
頼れる大人が
いることが
どれほど人生の
支えになるだろう
わい
わい
優しく
自分の子のように
みんなに
接しておられる
スタッフや
ボランティアの方々の
笑顔を見ながら
ここは
確かに
子どもたちに
とって
楽しく幸せな場所に
なっているのだなあ…
と感じて私の心もおなかも
満たされたひとときでした
おてつだい

保育所

「マナマナハウス」

今野遵子さん、嗣世さん

ラブジーザスハウスチャーチネットワーク
（保育所マナマナハウス）
TEL／ 045-211-5690
e-mail／ manamanahouse11@vivid.ocn.ne.jp

子どもたちを愛しぬく

長い牧会と
クリスチャン生活の中で
たくさんの困難に
何度も
ぶち当たった
神様
どうして
結婚した後
孤独でキッチンで
泣いていたこともある
自分が神様に
愛されていると
思えなかった
父との死別によって
受けた傷も
ずっとあり
神様の道を歩んでいた父を
神様はどうして
癒やしてくれなかったの
病気で亡くなった
こう思っていたことも
長い間
気づかなかった
神様を心から
信頼できなかった
悩みの中で
求めて
求めて
祈り続け
神様を待ち
答えない神様に
時には怒りもぶつけた
わからない～
神様の愛が
知りたいのに
うわああ
そんな私の心を
神様は時間をかけて
解きほぐした
聖霊のご臨在や
人との出会い
ミニストリーを通じて
愛されたかった
母親に 父親に
その愛を
受けられなかったことが
自分の人格形成において
どういう問題だったかも
知った
自分の中に
閉じ込められていた
思いを一つずつ
光の中に出していく中で
「私はあなたを
愛している」
ということばで
リセットされたようで
自分は神様に
愛されていると
本当の意味で知るようになった
しっかり…
すると
「愛したい」
という思いに
変えられていった
今は横浜で保育所
マナマナハウスに携わる
自分の経験した
神様のこの愛を
幼い時に経験するのは
とてつもなく大きな
恵みなんだと
わかって
この愛をとにかく
子どもたちに
経験させてあげたい！と
願っています

私たちはただ保育園をやっているのではなくて神様の愛を伝えるミニストリーと思ってやっています
三つ子の魂百までと言いますが乳幼児は本当に大切な時期で三歳までに何を受けたかがその人の人生の土台になります
ママパパの次に最初に出会う社会が私たちじゃないですか
この時期最も必要なことは「ありのままの自分を受け止めてもらう」ことこの体験をたくさんすることです
自分たちが神様から受け入れられ愛されていく中で心が解放され癒やされてきたように
保育園に来る子どもたち両親や家族を同じ恵みをもって建て上げていけるようにと祈りつつやっています
保育園には時には問題を抱えてやってくる母子もいた
離婚したいので仕事をしないと
とにかく働かないと…
急に夫が病気になって
育児ノイローゼで
急に騒ぎだすと止まらなくなって
ギャー
イエス様が何とかしてくれるという確信があるので私たちも積極的に関わっていける
一人一人のために祈っている
お母さんよかったら話して
話してくれたら私たちも一緒に歩めるから一緒にやろう
マナマナハウスの話を伺いながら思ったこと
神様がどれほど子どもたちをありのままで受け止め愛されることを願っているか…
そしてもし子どもの時にそれがないまま大人になっても神様は今からだってしっかりとありのままで受け止めて愛してるよと教えてくれる方なんだよね……
神は愛なり〜
うかがったお話の1/10も描けなかった
たくさんの不思議な導き
神さまの奇跡が
この保育園にはあり〜ました〜
大雨の日でした

病院

「神田整形外科」

神田健博さん、貴子さん

十字架を掲げた病院

〒 226-0003 神奈川県横浜市緑区鴨居 1-4-6
ベテル 1,2 F 医療法人 ベテル 神田整形外科
TEL/ 045-933-7888 FAX/ 045-931-3841

医師として成功しながら
眠れない夜があった
何のために
生きているのか
こんなに一生懸命
仕事しても
最後は死んでしまう
死んだら
灰になって
はかなくも終わりか
ああ
人生は
本当にむなしい
国立病院に勤務中に
開業医を始めるため
場所を探し始めた
貴子さんは
夫のもってくる話が
どれも嫌で嫌で
受け入れられなかったという
この場所どう?
え! いやだ
私は子どもの頃から
クリスチャンだったが
つらいことがいろいろあって
その頃は教会にも
行っていなかった
けれど
その時 心の底から祈った
神様…
神様…私はこのとおりで
今は あなたの声が
聞こえていません
けれど
健博さんが
選んだ場所に
みこころだと思って
ついていきます
だからみこころではない
所だったら
健博さんに
イエスと言わせないでください
それから…教会が
近くにあるといいです
その後
鴨居駅の近くの医院を
引き継ぎ開業した
ここで
ついていく
引っ越してみると
近くに教会があり
何度か
行ってみると
横浜カルバリーチャペル
ほんとに近く
イエス様を信じると
永遠のいのちが
与えられます
大川従道先生
永遠のいのちが
もらえるのか?
死んで終わりじゃ
ないのか?
ビデオ礼拝
メッセージが心に
ストンと落ちた
洗礼受ける
え――!
なんで こんな良いこと
これまで
教えてくれなかったの?
帰り道
永遠のいのちが
もらえると思うと
うれしくて
うれしくて
心に平安が
あふれた

今は神様がいてくれるから そんなピリピリすることは なくなった
前の夫とは 全然違います
「前の夫」って いつも言うから 「旦那さん二人いたの?」 って言われるよね(笑)
もちろん全力で 診療をしますから 疲れはしますが
治療しました 神様 あとは お願いします
自分の力だけで やっていたら 限界がありますが
この場所は 聖霊様が 働いてくださっている
ゆだねているので 疲れ方が違います
いつもは直接 見ないことも
これは 見たほうがいいよ 見逃しちゃダメだよと 神様が教えてくれて 病気がわかったこともある
脈ムで 足をみせて ください
はい
先生 腰が痛くて
痛いからと 整形外科に来ても 実は内臓や他からの 痛みの場合もあるので
自分で抱え込まずに 専門の先生を紹介します
これは…
整形外科含め 医療全般についての 最新の情報を得るため 学び会は欠かさない
勉強会 行ってくる~
仕事で 疲れているのに~
そのときも キリストの 旗印は 掲げていく
みんなに永遠の いのちを伝えたいんだ!
JESUS
証しのきっかけになるように
今の建物は 二〇一六年に購入
クリニックに 十字架を掲げたい という願いは 不思議な導きで 実現した
神田整形外科
Bethel
入口にはBethel(神の家の意味)とついている
自分には 人は癒やせないが 神様が癒やし主 祈りながら ゆだねながら
体の癒やしとともに 永遠のいのちの喜びを 地域の人たちに 知ってほしいです
その願いは 神様ご自身の願いなんだ とみなみは 思いました

暴力で苦しむ人のために①

NPO 法人女性人権センター「ステップ」

栗原加代美さん

NPO 法人　女性・人権支援センター　ステップ
TEL&FAX/ 045-439-3620 携帯 / 080-5530-8047
e-mail/ npo-step@a01.itscom.net
ホームページ http://step7787.exblog.jp

DV（家庭内暴力）加害者の更生プログラム活動を行っているという
「NPO法人女性人権センターステップ」栗原加代美さんのお話を伺う
殴る 蹴るという身体的暴力ももちろんだが
相手が思いどおりにならないとどなる 不機嫌になる 無視をする、脅すということもDVであると知ったのは最近で
かつて私の人生に殴る蹴る以外のことは大体あった
こわ〜い
自分もしたけど…
男みる目なし
一度も声を荒げたことのない穏やかな旦那君を前に今も被害妄想的に顔色をうかがう自分がいる
DVは人ごとではなく
栗原さんをテレビで見てぜひお会いしたいと取材をお願いした
え〜DVが?! 更生する?!
DV更生プログラム
子どもの頃同居の叔父による母や祖母への暴力が日常だった
父が帰宅すると叔父の暴力は止むがそれまでは弟妹を連れて夜の道を歩いた
やがてクリスチャンになり神様に人生をささげる
神様と人のために働きたい
就職 神学校 家庭集会 子育てを経て
DV被害女性のシェルターを始めるのだけど一緒にどう?
ぜひやらせて
「ステップ」に関わることになった
暴力で苦しむ人のために何かしたいという子どもの頃の思いがよみがえってきた
DVを受けても被害者は子どもがいたりして就業も困難なため逃げられずに我慢を続ける
我慢するうちにうつ状態になり結局仕事も子育てもできなくなってからシェルターに来る人も多かった
シェルターで元気を回復しても経済的な理由でまた同じ夫の元へ帰ったり

＊1 ルカの福音書23・34

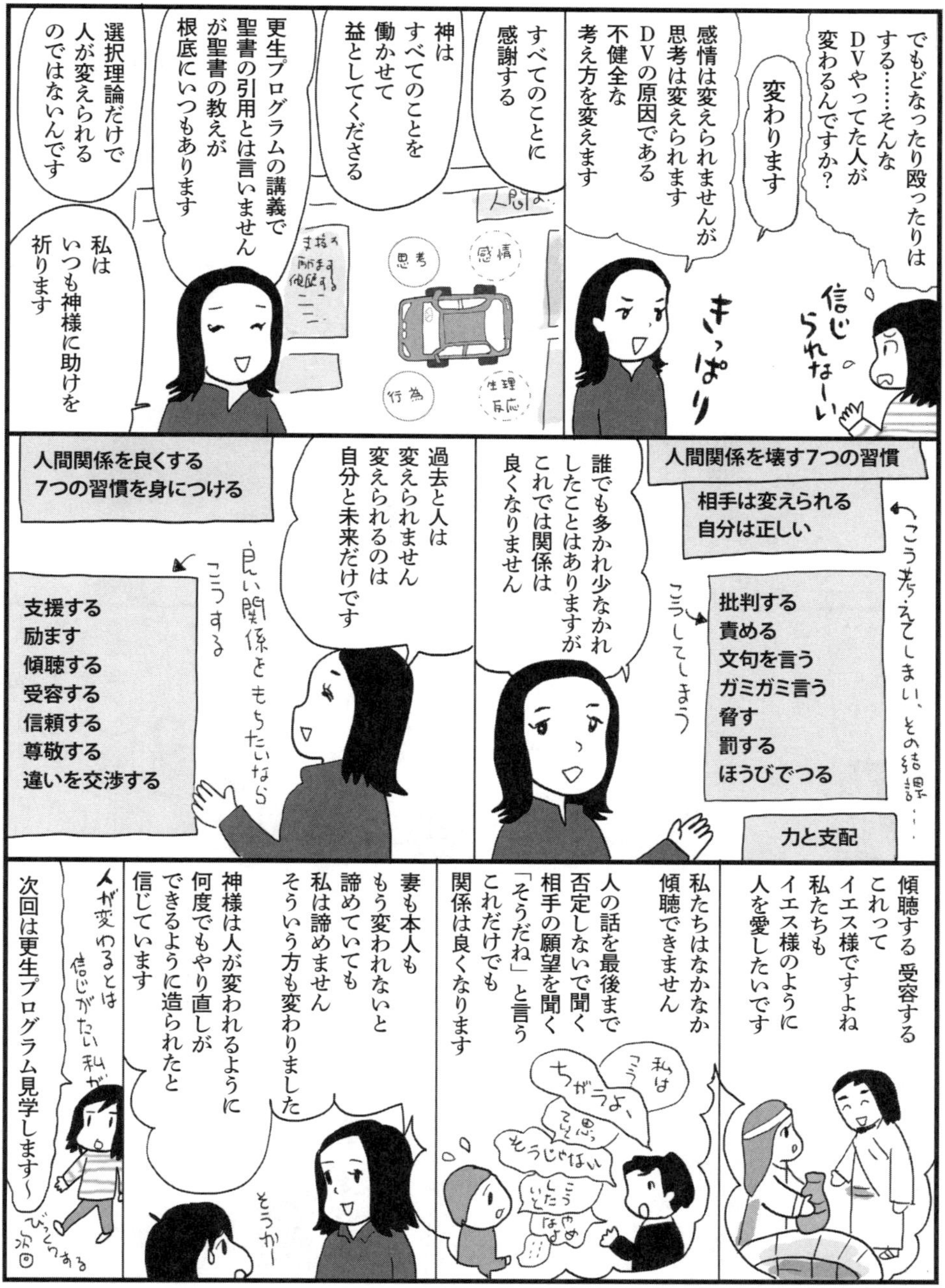
でもどなったり殴ったりはする……そんなDVやってた人が変わるんですか?
変わります
信じられなーい
きっぱり
感情は変えられませんが思考は変えられます DVの原因である不健全な考え方を変えます
すべてのことに感謝する
神はすべてのことを働かせて益としてくださる
思考
感情
行為
生理反応
更生プログラムの講義で聖書の引用とは言いませんが聖書の教えが根底にいつもあります
選択理論だけで人が変えられるのではないんです
私はいつも神様に助けを祈ります
人間関係を壊す7つの習慣
相手は変えられる
自分は正しい
こう考えてしまい、その結果…
こうしてしまう
批判する
責める
文句を言う
ガミガミ言う
脅す
罰する
ほうびでつる
力と支配
誰でも多かれ少なかれしたことはありますがこれでは関係は良くなりません
過去と人は変えられません 変えられるのは自分と未来だけです
良い関係をもちたいならこうする
人間関係を良くする
7つの習慣を身につける
支援する
励ます
傾聴する
受容する
信頼する
尊敬する
違いを交渉する
傾聴する 受容する これってイエス様ですよね 私たちもイエス様のように人を愛したいです
私たちはなかなか傾聴できません
人の話を最後まで否定しないで聞く 相手の願望を聞く 「そうだね」と言う これだけでも関係は良くなります
私はこう
ちがうよ、
そうじゃない
妻も本人ももう変われないと諦めていても私は諦めません そういう方も変わりました
神様は人が変わるように何度でもやり直しができるように造られたと信じています
そうかー
人が変わるとは信じがたい私が
次回は更生プログラム見学します〜
次回びっくりする

NPO 法人女性人権センター

「ステップ」

栗原加代美さん

暴力で苦しむ人のために②

横浜のNPO「ステップ」へDV加害者更生プログラムを見学させていただく
代表
栗原さん
この日の参加者は十一人 関西など遠方から来ている人もいる
同居、別居、りこん、などの状況も名札に書いてあった
はじめに栗原さんが講義
自分と意見が違っていても「君はそう考えているんだね」と受け止めることが大事です
受けとめる
自分と意見が違うとき受け止めることをしないで「ダメだ」と否定してきた方
ザー
全員手を挙げてる!
次に妻役夫役に分かれて「受け止める」「否定」をロールプレイ
出掛けたい
です
部屋が片付いてないのに出掛けるのか
いちいち否定される会話
片づけられない
ひえ～ 私一生出掛けられないー
でもみんな淡々とした口調 DVやってたとは思えない
今は穏やかにお話しされていましたが 実際は相手が自分の意見と違うことを言ったとき どなったり声を荒げていた方
ザー
栗原さん
パートナーと考えが違うとき 無視することが多かった方 無視はDVの一つと言われています
ザー
考えが違えば基本 無視でした

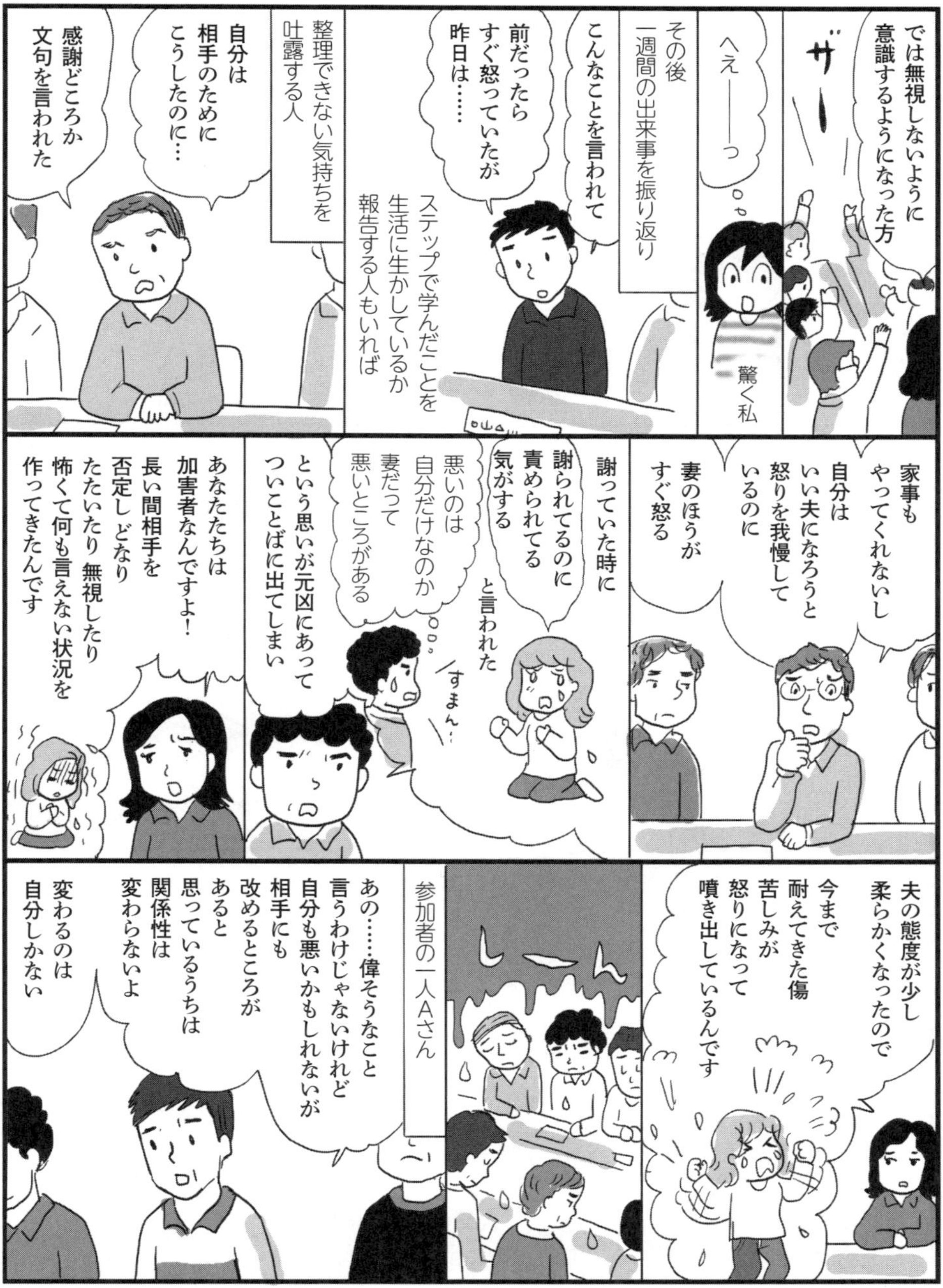

では無視しないように意識するようになった方
ザー
へえ――っ
驚く私
その後一週間の出来事を振り返り
こんなことを言われて
前だったらすぐ怒っていたが昨日は……
ステップで学んだことを生活に生かしているか報告する人もいれば
整理できない気持ちを吐露する人
自分は相手のためにこうしたのに…
感謝どころか文句を言われた
家事もやってくれないし自分はいい夫になろうと怒りを我慢しているのに
妻のほうがすぐ怒る
謝っていた時に
謝られてるのに責められてる気がする
と言われた
すまん…
悪いのは自分だけなのか妻だって悪いところがある
という思いが元凶にあってついことばに出てしまい
あなたたちは加害者なんですよ！長い間相手を否定しどなりたたいたり無視したり怖くて何も言えない状況を作ってきたんです
夫の態度が少し柔らかくなったので今まで耐えてきた傷苦しみが怒りになって噴き出しているんです
しーん
参加者の一人Aさん
あの……偉そうなこと言うわけじゃないけれど自分も悪いかもしれないが相手にも改めるところがあると思っているうちは関係性は変わらないよ
変わるのは自分しかない

私もセミナーに出ても
しばらくは
「相手も
変わるべきだ」
と思っていた
でもそれじゃ関係は
良くならなかった
この関係を
大切に思うなら
自分が変わるしかないと
だんだん回を
重ねるうちに
偉そうに
すみません…
自分もそうだったので
怒る妻をもっている人は
相手の行動に
焦点を当てないように
しましょう
あなたたちから
変わるしかないのです
一緒にいてくれるだけで
感謝 と
思ってください
栗原さんの
厳しいことば
（その背後に
たくさんの祈り）
でもみんなそれを
真摯に受け止め
自分自身に
しっかりと
向き合っている姿を見て
とても驚いた
し〜ん
正直 この日私は
「人なんて変わらない」
と思いながら
取材に向かった
そもそも 私が
いつまでも 自分を
変えられない…
だから
みんな そうかと
決めつけていた
けれど
変えられつつある
人たちをこの目で見た
人の罪を裁くのをやめ
ただ自分の心に向き合う
自分の罪を
心底認めるなら
人は変わる
本当に変わる
それが始まりなんだ
オドロイタ…
すごい…
この
DV加害者
更生プログラム
「金継ぎの会」＊1 という
名前はある日の参加者の
こんな会話から生まれたそうだ
ぼくたち夫婦は
元に戻れる
でしょうか
元には戻れないよ
でも金継ぎの器
みたいになればいい
前よりもっとすてきな
器になればいい
すてきな話だと思った
そして 自分の人生も
金継ぎの器のようだと思った
失敗だらけで
自分で壊した人生を
神様はあわれみで
継ぎ合わせてくださる
神様が一緒にいてくれる
それだけで感謝
そう思って
生きていけたらいいな

＊1 金継ぎとは陶磁器が割れたりひびが入ったときに漆で繋いで金粉で装飾する日本の伝統的な修復方法

3章

ななみのひとこと感想

▼小さないのちを守る会・辻岡健象さん

これまで、多くの養子縁組を行ってこられた「小さな命を守る会」。だが、最近の法改正によりそのままでは養子縁組を行うことができなくなった。しかし会員の「NPOみぎわ」が実務を担当し、引き続き養子縁組の相談を受けている。

子どもを妊娠しても、誰の応援もなく、経済的な基盤もなかったら、とても不安で、大変だ。でも、無理だと感じている人も、応援し、ケアしてくれる人がいたら「産む使命」を果たしたい、という女性はきっと多いと思う。大切な働きはこれからも続く。

▼小さないのちを守る会・コパン

「インタビューの後ろでチョロチョロしている息子の様子、まさに彼らしいところを描いてくれてありがとう」とあとでコメントをいただきました（笑）。この日は二月の寒い日で、祥子ちゃんは「ピエンロー」という白菜と春雨の鍋を用意してくれていた。おいしくて、私はエンドレスに食べ続けた。子どもたちがすくすくとのびのびと成長していく様子がわかる、この家族のフェイスブックを見るのがいつも楽しみ。

▼森の学園

教育のためにすべてを、文字どおり本当にすべてをささげておられる先生方。一人一人がいっぱい愛されてのびのびと育つ学園。一人でも多くの子どもたちが、こんなふうに愛されて、いっぱい大切なことを教えられる教育の場が与えられますようにと願います。

▼NPOキングダムハウス

神様の導きなのに赤字という話が、経済赤字の私には本当に心に刺さったが、その後は経営も安定し、なんとか赤字は脱したと聞きました。よかった。

この取材の時におられた通所者様のうちに、すでに天国のイエス様のところへ行かれた方もおられるとのこと。地上のキングダムハウスから、天のキングダムハウスに引っ越しですね。

▼猫の家やすらぎ

猫、かわいかった。編集さんの膝にすぐ乗ったけれども、私のところには最後まで来てくれなかったが、（犬くさいのか？）見てるだけでも癒やされた。保護猫ちゃんたちがいい飼い主さんに巡り合って、ずっと幸せに暮らせますように。

▼松井務さん

農業をされている方のお話を聞きたいと、編集さんにお願いした。連載後半、神様に導かれてそれぞれのお仕事をされている方の話を聞くほどに、そこに神様の思惑（「子どもを愛したい」とか）があることを知り、神様の思いを知ることが、面白くなっていった。神様の造られた自然の中で働く方と、神様はどんな思いを共有しているのか興味がわいた。

そして、やはり、土、植物、目には見えない菌たちすべてに、神様の思いがあることを、松井さんのお話を伺って感じた。

松井さんは農業をされるまで、障がい児教育に携わっておられた。言語でのやりとりが難しい子どもたちを見守り、子どもたちの思い、必要に丁寧に心の耳を傾けることを長年してこられた。松井さんは、自然の声を聞くこと、酵母たち、菌たちの声にも耳を傾けることを楽しんでいるようだった。目に見えない菌がそんなに重要だったとは、この日まで考えたこともなかった。除菌ブームで何でも除菌するのがいいと思っていたけれども、菌は奥が深く、菌もまた神様の恵みだったんだ。

神様が作られたものは、正しく扱えばいらないものなんてない。この日は、農家レストランで、とれたて野菜たっぷりのおいしいランチをごちそうになり、とれたてのふきのとうを山ほどお土産にいただいて、うちに帰って天ぷらと蕗味噌《ふきみそ》を作った。

▼上原令子さん

芸人さんかと思うくらい笑わせてくれて、器が大きく、太っ腹な大好きな姉御、令子さん。でもとっても心は繊細で優しい。それは、自分もイエス様に会うまでは無茶苦茶で大変だったから、令子さん自身いっぱい傷を受けてこられたからかも。

彼女のステージで笑って、慰められ、神様の愛に触れる人がこれからもたくさんいることだろう。

▼木村広之さん

取材の頃はちょうどやまゆり園の事件が起きた頃。私は特殊で残忍な個人が起こしたありえない事件と思っていたけれど、彼は今の介護施設などの制度全体や、福祉のあり方から考えて、とても心を痛めておられ、それに驚いた。個人だけの問題じゃないのだと。

木村さんは、今ケアマネジャーを辞め、コンサルタント業務もほぼ中止して、新しいケアを実現する計画のために奔走しておられるご様子。介護だけではなく、人が共に生きるとはどういうことかを模索しつつ、ジャン・バニエに近づくものになりたいとおっしゃっている。

私も知りたい。人が共に生きるってどういうこと。尊厳ってどういうこと。父の最後の二年間のこと、思い出すたびに、解決できない宿題を抱えたままのように感じる。木村さんのこれからの働き、模索の様子、みなみは陰ながら応援したい。

▼NPO法人せやふれあいの庭

キリストの愛に基づく高齢者介護支援の働きとして始められ、二〇一八年より地域密着通所施設介護、「デイサービス　ハレルヤ！」を開所、運営しておられる。漫画で紹介した郡山市川内村高齢者仮設住宅は、二〇一七年に閉鎖。現在も、川内村のそれぞれの地域に戻られた方々を訪ね、うれしい再会の数々。コミュニティセンターや高齢者施設で音楽療法など楽しいひとときをもち続けている様子が、ニュースレターにつづられていた。継続支援は本当に力。頭が下がる思い。

▼子ども食堂・鈴木悟さん

鈴木さんは子どもたちのために、とにかくいろいろ用意していて、そのひとときが子どもたちにとって、お腹も心も喜びでいっぱいになるように工夫されていた。子ども食堂以外でも、鈴木牧師の教会では、子どもたちのための楽しいイベントが定期的にあって、近所の子どもたちが楽しんでいる。

その後、別の場所で、鈴木さんと遭遇。そのときにいろいろあったことを話してくださった。それを乗り越えるために、たくさんの祈りと聖書の約束が必要だったことも。だからこそ、今大変な中にいる子どもたちを楽しませてあげたいという気持ちがいっぱいなのかな。今は遊んでいるだけの場所、でも、これからの人生、誰にも相談できそうもない悩みや複雑な問題を抱え、ひとりぼっちだと思った時に、子どもたちにとって、家と学校以外の安心できる居場所があるって、なんてすてきなことなんだろう。

▼マナマナハウス・
今野遵子さん、嗣世さん

神様に愛されている、ということがわからない、と格闘し続けた遵子さんの人生の長い道のり（途中で、嗣世さんが「保育の話と関係ないのでは、取材の意図と違うのでは」と心配してくださったけれど、「大丈夫、そこに向かっているから」とおっしゃって語っておられた）。その道のりがあったからこそ、今子どもたちへの大きな愛があるのだと感じた。子どもたちだけでなく、保護者の方に、スタッフの方にも、神様の愛がいっぱいあふれている場所だった。

私もマナマナさん経由で、いっぱい神様の愛をもらったと思う。もうちょっとやそっとで、「私なんかどうせ神様に愛されていない」とか、言えなくなったぞ。

▼神田整形外科・
神田健博さん、貴子さん

貴子さんのお話を聞いて、夫のためにもっと祈ろうと思った。そして今も、楽しい楽しい教会生活を続けておられるようで、よかった。

私たちクリスチャンは、病気になった兄弟姉妹のために、癒やしのために祈る。手術や治療に当たってくださるお医者さんに知恵が与えられるように、最善の治療のために祈る。

神田整形外科は建物に十字架を掲げ、キリストを旗印に治療にあたっておられる。どんなに立派な診療をしても、栄光を神様にお返ししている。そして、患者さん、働くスタッフ一人一人を祈りに覚えている。お医者さん自身が神様と直結していて、自ら祈って治療に当たってくださっているとは、なんて心強い！

▼ステップ・栗原加代美さん

すごく勉強になった。栗原さんに聞いた、怒りがわいた時の考え方など、私は何度も思い出しては、怒りを爆発させずにすんでいる。近所だったら通いたい。

コミュニケーションは技術が必要なのだが、自分本位にしか考えないパターンが身についていて、相手の立場に立って受け答えするって本当に難しい。でも、変えられる。人は変われる。本当に自分の過ちを認めて、神様のほうを向いて行くなら。DV加害者でそれを認めつつ、改めようと頑張っている方々から、そういう希望をもらった。

付録 3

東京さんぽ

東京の街に眠るキリスト教 後編

歴史の復習〜現代へ

上野
西郷隆盛像
西郷さんは聖書を学び その影響を受けていたんだ
最近の研究で
「ちびの頃は犬のおじさん」とか思ってなかった
おさんぽマップ
旧宣教師館
雑司ヶ谷
西郷隆盛
敬天愛人
上野
キリシタン屋敷跡
国立博物館
カトリック神田教会
六本木ヒルズ
江戸殉教碑
田町
カトリック高輪教会
品川
前編と合わせて一日で回りました
☆この日のコース
上野駅集合 → 国立博物館→ 西郷隆盛（敬天愛人）→ 札の辻（江戸殉教碑）→ カトリック 高輪教会（元和の大殉教記念碑）→ カトリック神田教会 → キリシタン屋敷跡 → 雑司ヶ谷旧宣教師館→ 六本木ヒルズ解散
敬天愛人
「敬天愛人」ということばは中村正直が日本に伝え西郷はそれに目を留め好んで書いていた「天」とは聖書の「天」であり「神」のことだった
神を敬い人を愛す…
イエスさまの教えそのものだぁ〜
敬天愛人
帝大教授 中村正直
クリスチャン
幕臣の思想家
儒教の「天」だと思われていたが、最近の研究で聖書のこととわかってきた

日比谷公園
自由《リバティ》の鐘《ベル》
レビ記25章10節
鐘にはレビ記のことばが刻まれています
アメリカの自由の象徴
リバティ・ベルのレプリカ
終戦後すぐに
連合軍有志より寄贈されたもの
「PROCLAIM LIBERTY THROUGHOUT ALL THE LAND
UNTO ALL THE INHABITANTS THEREOF LEV. XXV X.」
「すべての国民とその住民に自由を告げる」
レビ記25:10
でも
なぜ「自由の鐘」を占領軍が?!
「軍国主義の支配から国民を自由にした」と…
与えられた自由なのね
結局日本人は自由を自らの手で勝ち取ってない
そして今に至る…
雑司が谷旧宣教師館
旧マッケーレブ邸
アメリカ人宣教師マッケーレブの家
戦争開戦直前まで宣教活動や慈善事業を行っていた
「カーペンター・ゴシック様式」の
白と緑色のかわいいおうち♪
築明治40年
映画のワンシーンみたい～♡
東京都指定有形文化財
家の中を見学
明治にタイムスリップ♪
たのしー
パネル展示やビデオの資料コーナー
マッケーレブの人となりを知る
大変すぎる…
神と人々に仕えて…

六本木ヒルズ
ここは？何かで見たんですか？
うーん…実は…昔ね
それは まだ編集長が青年だった頃のこと
聖書を ひととおり 読んだけど
ヤング砂原氏
ご友人
ARKHILLS
見えない 神は 信じられない
もし 神がいるって 言うのなら
モーセのように 神のことばを 石に刻んで 見せてほしいね
え!!
目の前に 神のことばが 石に 刻まれてあった 彼は その後
患難をも喜ぶ
そは
患難は忍耐を生じ
忍耐は練達を生じ
練達は希望を生ずと
知ればなり
神を 信じた
東京のあちこちにある
聖書を愛した人々の
足跡をたどり
この街もまた
神さまに愛されていると思った
一日でした。
アークヒルズのアークって 箱舟？
!
1Fの Noah's Ark はこぶね

おわりに

神様っているのかな?

自分の人生がうまくいかない。改善を願い、祈りをささげても、状況はちっとも変わらないように思える。だからこんな自分の生活の中に神様はいる気がしなかった。

とはいえ、野山を散歩して出合う、身近な自然の美しさや、動物や人間の体の精巧さを見ても、偶然にできたと考えるより、意図してデザインしたクリエイターがきっといただろうなあと思うし、イスラエル建国など、壮大な歴史を動かして何千年も前から聖書の預言がいくつもそのとおりになっているのを考えれば、聖書は真実だと思うほうが腑《ふ》に落ちる。

数十年前に、クリスチャンの人から神様の話を聞いてから、聖書の神様を信じると決めた。

その人は「あなたの罪のために、イエス・キリストは十字架にかかって罪の支払いをしてくれたので、それを信じるなら救われる」と語った。

そして自分の心の中をのぞけば、ぐうたらで身勝手で、ロクでもないことばかり。神様という絶対正義に自力ではとても近づくことなどできないので、神様が差し出してくださった罪の赦しにすがるしかない、と思う。

だがしかし、今の人生がうまくいっていない。それが現実だ。

それは、自分の頑張りが足りないせいであり、自分の意志が弱いせいであり、自分のせいだ。自分がダメだからこうなっている。

神様のせいではない。神様のせいではないけれど、祈りを聞いてくれない神様が悪い、と結局神様のせいにしている。

何十年キリスト教を信仰していても、祈っても、自分は相変わらずダメなままだ。意志が弱い。生産性が低い。社会性が乏しい。役に立たない。やろうと思ったことができない。ちゃんとした人にしてくださいと祈っていても、その祈りは聞かれない。神様は、私を助けてくれていない。だから、きっとこの生活に神様はいない、と思っていた。

自分がダメの「ダメ」って何だ？　それは、私が自分で勝手に決めた基準。世間の基準にちゃんと達していないからダメ。

じゃあ世間の基準て何だ？　それは私が勝手にこれが世間の基準だと決めつけたものだったが、その勝手な決めつけを神の基準であるかのように信じ込んでいた。

やろうと思っていることがいつまでもちゃんとできない。ちゃんと仕事ができない。ちゃんとした収入がない。部屋がちゃんと片付けられない。ちゃんと人と話ができない。ちゃんと社会に参加できない。ちゃんと家事ができない。ちゃんとお金の管理ができない。

こんな諸々のちゃんとしていないことが、全部意志の弱さだったり、ダメな自分の証明である気がする。

こうして書くと、何だそんなこと、に見えるが、とにかくダメ感が半端なかった。自分がダメだと思っていると、人とも神様ともうまく付き合えない。そしてこんな生き方しかできない自分を神は愛しているわけがないと思う。

「神は愛」とか言われても、全くピンとこない。


いやいや、神の愛により、救われていることはわかっている。こんな自分を救ってくれた。罪赦されて永遠の命が与えられているだけで、他に何を望むのだ。

神の愛により、今日もおいしくご飯を食べられて、愛犬と散歩に行く健康が与えられて、住むところがある。それだけでも感謝じゃないか、と言われればそのとおりである。

「私のなりたかった、ちゃんとした私」になれていないからといって、文句垂れるのはどうなのか、ということもわかっている。わかっているので、文句は垂れづらい。垂れづらいので、素直な言い方で神様に言えない。回りくどく、皮肉的に、諦め気味に。


そして変わらない状況。

神様は魂は救ってくれるが、ダメな人のダメな生活は自分で何とかしなければならない。放置なのだ。救うほどの愛はあるが、日常生活は別なのだ、と思った。

私の「魂の救い」業務が終わった後、神様はとても遠くへ行ってしまった気がした。

いつまでもダメな自分を含めて、「クリスチャン」に対しての無力感？　諦め？　不信感？　神様はいるのか？


そんな頃に、「ななさんぽ」の取材へ行った。いろんなところへ行って、いろんな方の取材をさせていただいた。

多くの方々が「神様に導かれて」「神様に従って」そのお仕事やご奉仕やその生き方を選んでおられた。毎回、取材に応じてくださった方々の大変な働きに頭が下がる思いだった。


そして、その方の中に、その現場に神様がいたと感じた。

神様がやりたいことを、この「神様に導かれた」方々が代わりにやっているようだった。神様は目に見えないし、手で触れないけれど、人間の手は目で見えて手で触れる。

この、見えて、触れる人たちの手を通して、神様がやりたかったこと。それは、弱さを抱えている人たちに寄り添い、支え、背中を押し、立たせ、抱きしめたいということだった。

生まれたばかりの赤ちゃんや小さな子どもたち、重い障がいや病を抱えた方、自力で立つのが難しい状況に置かれている人たちがいる。

たとえば保育士さんや、養父母の手が目に見える「神様の手」として、小さな子どもたちを抱きしめていた。あるいは、弱さを抱えながら、とても難しい状況の中でも、回復の途上で、小さな歩みを一歩ずつ、忍耐強く進んでおられる方々もいた。

そのどの現場にも「神様に従った人たち」がいて、そこに「神様」がいた。

と同時に、取材に伺ったそのどの働きも、順風満帆ではなかった。たくさんの悩み、見通しのつかない問題、経済的な困難、試行錯誤の繰り返し。簡単な答えなどなかった。それでも、諦めずにその働きを続けておられる方々。

そんな方々のお話を三年かけて聞くうちに、自分の薄っぺらい考えが少しずつ変わっていった。うまくいっていないところにも神様はいる。ダメだと思っている場所にも。お金のないところにも。弱さを抱えた人々のその弱さのただ中にも。回復の途上にある人の中にも。だんだんそう思うようになった。

神様は、その人の存在そのものを大切に思っている。神様は愛したい。

だから神に従う人たちを通して、さまざまな方法で愛している、と伝えている。生産性や年収、能力、役に立つ立たないに関係なく。その人の存在をどうしようもないほどに愛している。

何度も聞いてきたことなのに、それが本当にそうだ、と思えていなかったのが、だんだん納得できるようになった。干からびてガサガサだった心の地面に少しずつ雪が降り積もって、いつの間にか真っ白になったように、一つの現場で一人のお話を聞くごとに、ああ、ここにも神様がいる、神様の手があった、と思った。

この方たちも、この子たちも、神様は愛したい。愛している。何回も感じたことの積み重ね。私はたくさんのことを、この本の取材を通して教えてもらった。

うまくいっていない人生に神はいない。こんな私が愛されるわけがない。そんな、こっち側からの視点だけの薄っぺらい神理解だったけれど、少しずつ修正されてきたと思う。

神様側からすると、愛したい。どんな君でも愛したい。神様の存在が愛だから。

生産性を上げて、お金を稼ぎ、人の役に立つことは、いいことだ。心が広く優しく、社交的で話が面白くて、楽しい人柄も、いいことだ。でも、神様の愛はそれとは関係ない。

そして、私がそういう人であってもなくても神様の愛は変わらない。私が勝手に思い込んでいた「世間の基準」ってやつに、一生到達しなかったとしても、私の日常に神がいないってことでもない。

自分の日常にも、この世にも問題や艱難はなくならないけれど、一緒にいてくれる神様がいる。そして神様は諦めない。どんな状況でも愛するのをやめない。

この本の執筆を通して、出会った全ての人から、私はそれを教えてもらった。

この本を最後まで読んでくださったあなたにも、それが伝わりますように。

神様は諦めない。そして、あなたを愛している。

みなみななみ

著者

みなみ ななみ

絵を描いたり　マンガを描いたり
絵と文のついた本を作ったり
犬と遊んだりしている。

著書に『ヘブンズドロップス』『日めくり ヘブンズドロップス』『鈍色スケッチ』『旅をしながら』『ぼくのみたもの一第五福竜丸のおはなし』『信じてたって悩んじゃう〔合本・愛蔵版〕』(以上、いのちのことば社)『クラスメイトは外国人』『世界と地球の困った現実』(以上、明石書店)『ゴンダールのやさしい光』(自由国民社)『すごいぞ ！イスラエル』(BFPJapan)ほか。

ななさんぽ

弱さと回復の“現場”で神がいるのか考えた

2019年 9 月 1 日　発行
2019年11月15日　再刷

著　者　　みなみ ななみ
装　丁　　Yoshida grafica　吉田ようこ
印刷製本　日本ハイコム株式会社
発　行　　いのちのことば社
〒164-0001 東京都中野区中野2-1-5
電話 03-5341-6924（編集）
03-5341-6920（営業）
FAX03-5341-6921
e-mail:support@wlpm.or.jp
http://www.wlpm.or.jp/

ISBN978-4-264-04055-2